図説

聖書物語 新約篇

山形孝夫＝著　山形美加＝図版解説

聖母子と八天使
サンドロ・ボッティチェリ（1444頃～1510）　1483年頃
ベルリン、国立絵画館

河出書房新社

はじめに

神の国運動の原初の姿に迫る

この本は、『図説聖書物語―旧約篇』の姉妹編である。旧約篇では、天地創造からイスラエル民族の興亡をめぐって物語が進行し、終章は第二イザヤの「悲しみのメシア」の預言で終わっている。新約篇は、まさにそこからはじまる。旧約聖書のイザヤの預言が、五百年の時空を超えてガリラヤのイエスの声と重なるのだ。その不思議な、予感に満ちた〈時〉の境界から、イエスの「神の国運動」は始まる。そこに新約聖書物語の主題がある。

新約聖書はキリスト教の正典であるが、もとをたどれば、それぞれが独立した二十七の文書をひとつにまとめたものである。著者も違えば、執筆年も執筆場所もそれぞれ違う。内容さえもがまちまちの文書であった。それにもかかわらず、そこからひとつの主題が一本の糸のようにくりだされるのは、イエスに対する弟子たちの思いが、一枚の織物の縦糸と横糸のように、そこに息づいているからであろう。その中心に福音書《ふくいんしょ》と呼ばれる物語文学がある。

ところで、福音書という形の物語文学を最初に生みだし、イエスの神の国運動を記録したのは、マルコという無名にひとしい人物であった。イエスの死から、すでに四〇年が経っている。マルコは、なぜ、どのような思いから、福音書を書いたのか。マルコは、どのような書き手であったのか。

マルコによれば、イエスは、ヨルダン川でヨハネから洗礼を受けたあと、世捨て人のように荒野《あらの》に分け入り、たったひとりの洞窟苦行を開始した。四十日四十夜の命がけの断食苦行《だんじきぐぎょう》であったという。いったい何がイエスを追い詰め、無人の荒野に駆りたてたのか。そこでイエスが見たものは、何であったか。

荒野から戻ったイエスが民衆に向って語りかけた最初の言葉をマルコ記者は書きとめている。

時は満ちた。神の国は近づいた。

これが、神の国運動の開始を告げるイエスの最初の言葉であった。運動は、ガリラヤを起点に開始された。杖一本と下着一枚、その他は何ひとつ所有することをイエスは許さなかった。弟子たちは、そのようなイエスに倣《なら》い、家を棄《す》て、所有を棄て、故郷を棄てた。無一物であることが、イエスに従うことのしるしとなった。

盲人の治癒　1310～20年代初頭　ギリシア、ミストラス、アフェンディコ聖堂（パナギア・オディギトリア）　ナルテクス（玄関廊）・フレスコ
盲人と出会ったイエスが、唾で土をこねて盲人の目に塗ったのち、「シロアムの池」で洗うように命じて、その目を治す奇跡物語（ヨハネ9:1-7）が上下二つの場面に分けて描かれている。撮影、赤松章氏。

福音書記者マルコの肖像　（『戴冠式福音書』より）800年頃　ウィーン、王宮宝物館
堂々とした量感を示す福音書記者マルコ。「古代復興」を掲げたカール大帝のアーヘンの宮廷で活動したギリシア系の画家によって制作されたと推測される写本の一頁。

このようにして、ガリラヤの村から村へ、イエスと弟子たちは流れて行った。貧者を訪ね、病者を癒す旅である。住まいはどこにも定めなかった。一所不住《いっしょふじゅう》の遍歴の旅。これがマルコのとらえたイエスの神の国運動の姿であった。なんと不思議な運動であったか。

一方、こうしたイエスの神の国運動に対し、それと真っ向から対立し、イエスの前に立ちはだかる敵対勢力があった。パリサイ派と呼ばれるユダヤ教の一派である。彼らは、正統ユダヤの律法主義を振りかざし、数々の律法違反のゆえにイエスの神の国運動を攻撃した。ユダヤの秩序への反乱者、タブーの侵犯者《しんぱんしゃ》、ローマ支配体制に対する反権力の謀反人《むほんにん》など、数々のラベルがイエスの運動に貼《は》りつけられた。闘争する二つの力は、最後まで和解することのないままに、破局に向かって進行してゆく。イエスは告発され、逮捕され、弟子たちが固唾《かたず》を呑んで見守る中を刑場へと引き立てられていった。マルコ記者は、このようにイエスの死でもって物語の最終章を閉じている。ガリラヤでの運動開始から一年たらずの短かすぎる終局。これが、マルコ記者の描くイエスの神の国運動のすべてである。

読み終えたあと、驚きと不思議に、人は誰も、言葉をなくして立ちつくす。なぜか疑問だけがわいてくる。黒い雲のようにわいてくる。イエスは何という時代に生きていたのだろう。イエスはなぜ殺されねばならなかったのか。殺したのは誰なのか。神の国運動とは何であったのか。あとには何が残ったのか。そもそもイエスとは何者であったか。

これは推定にすぎないが、おそらく、マルコ福音書を手にしたものたちの間に、同じような疑問が沸騰《ふっとう》したにちがいない。残された信者たちは、四方八方に手をつくし、人びとの記憶に生きる在りし日のイエスをたよりに、マタイはマタイ、ルカはルカなりに、沸騰する疑問に対応する仕方でイエスの神の国運動について書き始める。マルコ福音書がモデルとなった。このようにして、三〇年が過ぎ、五〇年が経過する。その間、たくさんの手紙や福音書が書かれた。その一部は信徒の集会で朗誦された。一部は筆写されて回覧された。それらが、二世紀の後半から四世紀にかけて集められ、ひとつにまとめられてゆく。これが、新約聖書と呼ばれる、二十七の文書からなる一冊の書物の誕生の経緯である。

その後の正統と異端をめぐる教会内部の論争の紆余曲折については省略する。イエスの神の国運動は、このようにしてパレスティナの一角から地中海世界へ拡大し、ローマ帝国の中枢都市へと浸透していった。杖一本と下着一枚。そのほかは何ひとつ所有することを許さず、家を棄て、故郷を棄て、無一物・無所有を宝に出発したイエスの神の国運動が、どのような経緯を経て、世界史の檜舞台《ひのきぶたい》におどりでることになったか。

無関心と、それに続く激しい弾圧《だんあつ》のあとに、寛容《かんよう》の時代（コンスタンチヌス帝の「ミラノ勅令」三一三年）がくる。キリスト教が最終的にローマ帝国の「国教」として承認されたのはテオドシウス一世の三八〇年のことである。マルコ福音書の誕生から数えて三百余年、それはそのままイエスの神の国運動の奇跡に近い歳月であった。

本書の目的は、その不思議な神の国運動の原初の姿に迫ることにある。

本書をとおして、たくさんの方々が、この古くて新しい聖書物語の知的冒険の旅を開始されるよう心から望んでいる。

なお今回も、豊富な美術作品が聖書物語に生き生きした彩《いろど》りを添えている。旧約篇同様、多くの方々にキリスト教美術の奥行きの深さを味わっていただけるなら、これに勝る幸せはない。

図説●聖書物語　新約篇●目次

●第七章 受難《じゅなん》物語——最後の一週間 96

●終章 復活の証人と神の国運動の行方 116

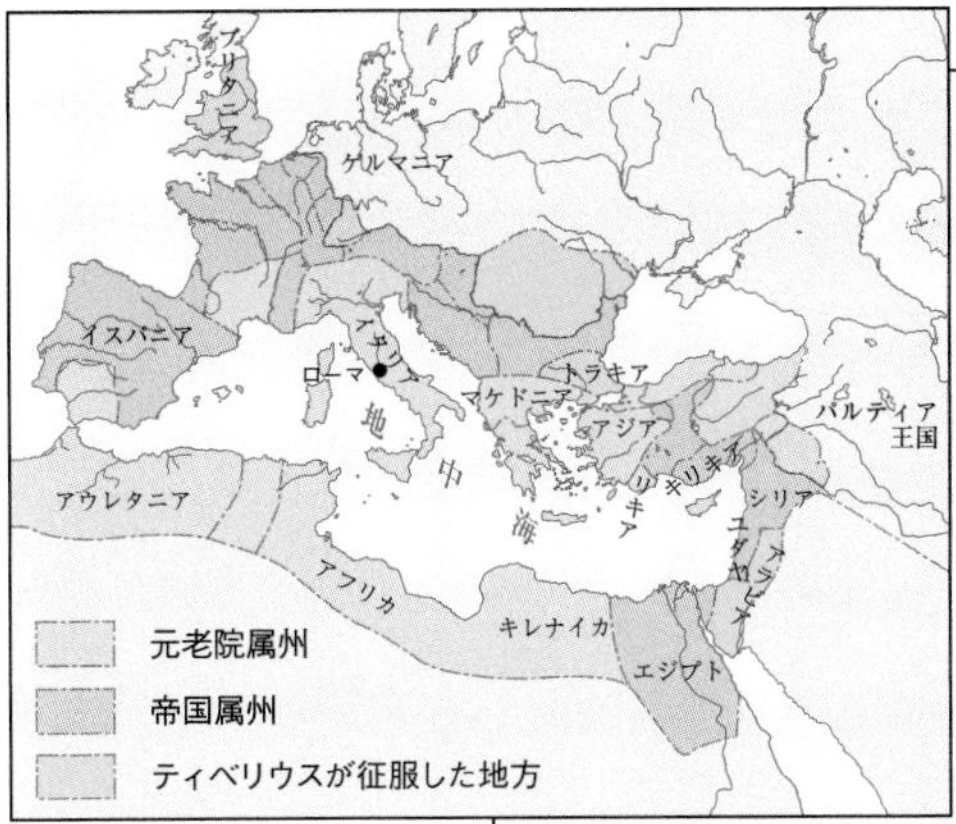

ローマ帝国の版図
アウグストゥス帝から約100年の間、ローマ帝国は絶頂期にあり、版図も拡大した。東地中海沿岸はローマ属州シリア、エジプト、ユダヤに分けて統治された。

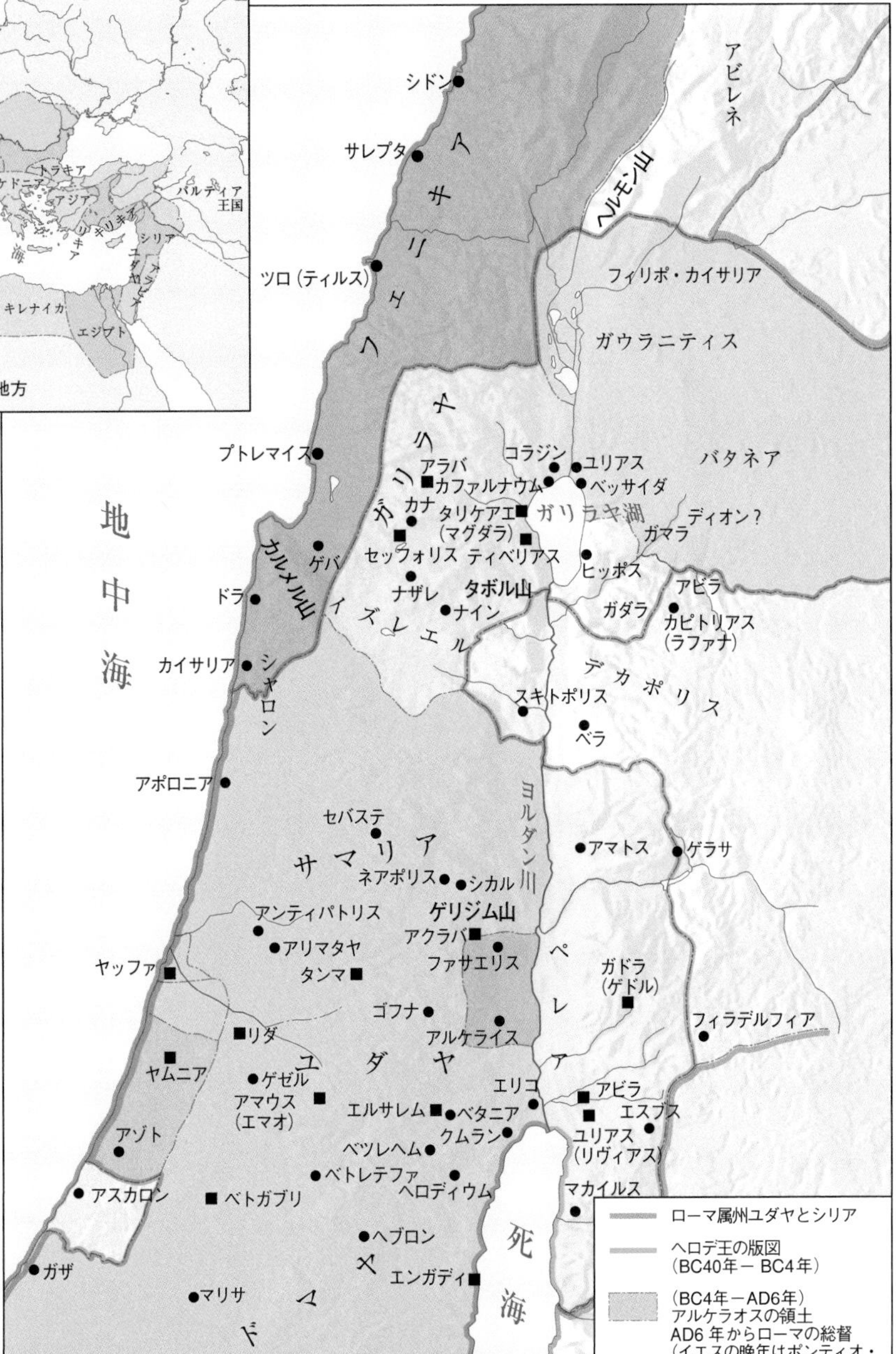

イエスの時代のパレスティナ
BC587年、ユダ王国は滅亡、以来パレスティナはペルシア、プトレマイオス朝エジプト、セレウコス朝シリア等の支配下におかれた。BC140年代、ハスモン朝ユダヤ王国が成立。BC64年、ローマのポンペイウス将軍がシリアを征服、パレスティナを属州シリアに併合。カエサル死後の内戦でイドマヤの知事アンティパテルの息子ヘロデがローマの支持を得てユダヤの王となった（BC40年）。BC4年、ヘロデ王が死ぬと、ローマのアウグストゥス帝は王国を三分割しヘロデの息子たち（アルケラオス、ヘロデ・アンティパス、フィリポ）に与えた。

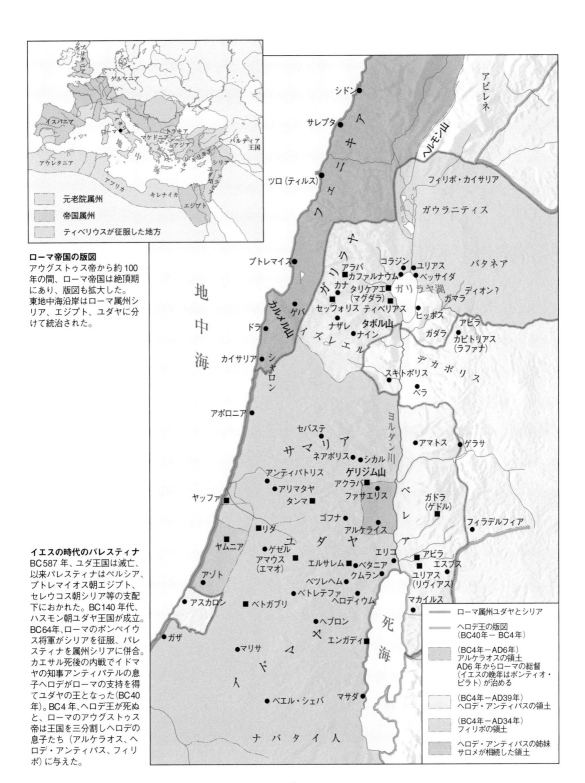

●第一章

天使の告知

▲四人の福音書記者　ペーテル・パウル・リュベンス(1577～1640)　1614年頃　ベルリン、国立絵画館
執筆中の四福音書記者が、それぞれリアルな象徴を伴って一堂に会している。各象徴は、神がエゼキエルに顕現したときに座っていたケルビムの持つ「四つの顔」——人間、獅子、牛、鷲に由来し、画面では向かって左からルカとその象徴の雄牛、同様にマタイと人、マルコと獅子、ヨハネと鷲が描かれている。

▶聖母を描くルカ　ヤン・ホッサールト(1478頃～1533/36)　1520年頃　ウィーン、美術史美術館
聖母像を描いたという伝承を持つ福音書記者ルカは、キリスト教世界の最初の画家とみなされ、画家ギルドの守護聖人として数多く描かれた。ローマへ赴き、イタリア・ルネサンス絵画を学んだフランドルの画家ホッサールトの描くルカは、天使に導かれながら、中空に現れた聖母子の姿を描きとめている。

マリアの結婚　ロッソ・フィオレンティーノ（1494〜1540）1523年　フィレンツェ、サン・ロレンツォ聖堂
福音書の外典によれば、マリアは少女時代を神殿で過ごした。マリアが12歳になったとき、天使が神殿の大祭司に国中の独身者と寡夫を集めさせ、主がしるしを与えた者を夫とするように告げ、大工のヨセフの杖から緑葉が生じたため婚約が行われた。フィレンツェ出身のロッソは、反自然主義的な色彩と奇抜なフォルムで初期のマニエリスム美術を代表する画家の一人。

1 マリアへの天使の告知
（ルカ1章26—38節）

福音書記者は、イエス誕生の出来事を天上界と地上界とを垂直に切り結ぶ全宇《コス》宙的《ミック》なドラマとして描き出す。

夢に天使があらわれる。聖霊《せいれい》と呼ばれる不思議な天的存在が、鳥のように飛来する。おとめが身ごもる。夜空に、星がきらめき、風が囁《ささや》き、羊飼いたちは天使の合唱を聴く。

それらすべてが、紀元前五〇〇年余にさかのぼるイザヤの預言の、長大な時間の束を、一瞬のうちに凝縮《ぎょうしゅく》する天変地異のように起こる。しかも、すべては、日常の時間の経過の中で起こるのだ。

このような不思議ドラマを、ふたりの福音書記者が記録した。マタイ記者とルカ記者である。

ルカによると、ある日とつぜん、天使ガブリエルが、ガリラヤのナザレの町に住むおとめマリアにあらわれた。マリアは、同じ町に住むヨセフのいいなずけであった。

天使は、何の前ぶれもなく、風のようにあらわれ、信じがたい言葉をマリアに告げる。

天使は言った。

マリアよ、おめでとう。あなたは恵まれた方《かた》。主《しゅ》が、あなたと共におられます……。

マリアは一瞬、耳を疑う。なぜ恵まれた方なのか。いったい何事が起こるのか。マリアは胸騒ぎがした。すると天使が、言葉をついだ。

マリアよ、恐れることはない。あなたは神から恵みをいただいた。あなたは身ごもって男の子を産むが、その子をイエスと名付けなさい。その子は偉大な人になり、いと高き方の子と言われる……。

マリアは思わず言葉を呑んだ。何という恐ろしいことだ。信じがたいことが、自分の身に起こりつつある。マリアは言った。

どうして、そのようなことがありえましょうか。わたしは男の人を知りませんのに。

「男を知らない」とは、性的経験をもたないことを言うのだろう。マリアとヨセフとは、いいなずけの関係であったが、それ以上のものではなかったことをマリ

受胎告知　オラツィオ・ジェンティレスキ(1563〜1639)　1623年頃　イタリア、トリノ、サバウダ美術館
透き通るような光のもと、幼さの残るマリアが動揺を抑えつつ、慎ましく天使の言葉を受けている。少年のような天使が手にしている白い百合は、マリアの処女性を示す。トスカーナ地方のピサ出身のオラツィオ・ジェンティレスキは、ローマでカラヴァッジョの芸術に接し、いち早くその追随者となった画家。彼は、カラヴァッジョの明暗表現とリアリズムに、トスカーナ派の伝統に由来する高質な線描と、明晰な画面構成、洗練された色彩を加え、詩的で美しい画風を作り上げている。

受胎告知　ヤコポ・ダ・ポントルモ（1494〜1556/57）　1528年
フィレンツェ、サンタ・フェリチタ聖堂カッポーニ礼拝堂
上方を凝視しつつ、躰を螺旋形に捻り中空に浮かぶ大天使ガブリエル。風を孕むその衣には、夢幻的な色彩が映し出されている。一方、告知を受け優雅に振り返るマリアの視線も、天使にではなく、同礼拝堂の左隣の壁面に位置するポントルモの祭壇画《十字架降下》に注がれている。従来の受胎告知の図像的伝統を破り、ここで彼らは堂内に交錯するイエスの誕生と死を巡る想念を体現している。ポントルモは、フィレンツェの初期マニエリスムを代表する画家。

アは証《あか》したかったのだ。すると、天使が答える。

聖霊があなたに降《くだ》り、あなたはいと高き方の力に包まれている。生まれる子は聖なる者、神の子と呼ばれる。あなたの親類のエリサベツも、不妊の女と言われていたのに、男の子を身ごもって、もう六カ月になる。主なる神には、できないことは何ひとつない。

マリアは恐れおののいて言った。

わたしは主のはしためです。お言葉どおり、この身に成りますように。

こうして、天使はマリアのもとを去ってゆく。

「イエス」という名

ヘブライ語の「イェーシュア」。旧約聖書『ヨシュア記』のヨシュア——正確に表記すれば「イェホーシューア」にあたり、「ヤハウェは救い」を意味している。ユダヤ人のあいだで、普通の男子名として、ひろく使用されていた。そのギリシア語の発音が「イェースース」。アラム語読みが「イェーシュ」。日本語の「イエス」は、厳密には、それらのいずれとも異なる。

2 ヨセフへの天使の告知
（マタイ福音書1章26―38節）

一方、マタイ記者の場合、天使は、マリアではなく、ヨセフにあらわれる。なぜヨセフにあらわれたのか。

マタイ記者は、真っ先に、ヨセフが全イスラエルの名門中の名門、ダヴィデの家系を継ぐ者であったことを挙げている。そのヨセフのいいなずけであるマリアに思わぬ異変が起こったのだ。マリアが身ごもっていることを知ったとき、身におぼえのないヨセフは悩んだ。もしも、このことが表《おもて》ざたになれば、ダヴィデの血筋のヨセフの家に傷がつく。ヨセフはあれこれ考えた。そして、ひそかにマリアと縁を切ることを決意する。ちょうどそのような時だったのだ。主の天使が夢にヨセフにあらわれたのは。天使は言った。

ダヴィデの子ヨセフよ、恐れずに妻マ

▶福音書記者マタイの肖像　（『リンディスファーンの福音書』より）698年　ロンドン、大英図書館
執筆中のマタイを描いたケルト系写本の装飾頁。マタイの頭部でその象徴「人」がラッパを吹き、カーテンの陰からキリストのような人物が顔を出している。

▼イコン　受胎告知　12世紀末　エジプト、シナイ山、聖カテリーナ修道院
大天使ガブリエルの言葉に当惑した表情をみせる糸紡を手にしたマリア。金地の背景には、マリアへ向かって飛ぶ聖霊の鳩が描かれている。イコンとは東方キリスト教会で崇敬の対象となる聖画像。

福音書《ふくいんしょ》と福音書記者

新約聖書の冒頭には、福音書と呼ばれる四つの文書がおさめられている。それぞれ独立した、完結的な物語文学であるが、いつ、だれが、どこで、何のために書いたのか、ということについては、四人の記者の名（マタイ、マルコ、ルカ、ヨハネ）が知られているばかりで、くわしいことは、いっさいわからない。ナザレのイエスの生涯《しょうがい》を、伝記物語風につづった四つの伝承《でんしょう》文学なのである。

そもそも、この四人の記者とは、いったい何者であったのか。取材者であったのか、執筆者であったのか、それともそこには複数の編集者がいたのか。そうした肝心《かんじん》のことさえ、正確なところはわからない。

福音書とよばれているが、正確には、「マタイによる嬉《うれ》しい知らせ」、「マルコによる喜ばしい伝言」……を意味している。「福音」の原語は、ギリシア語の「エウァンゲリオン」（Euangelion）で、「戦勝の知らせ」とか「嬉しい知らせ」を意味する言葉だったことが知られている。

主題は、まさに「嬉しい知らせ」にふさわしく、ナザレのイエスの物語でありながら、首尾一貫《しゅびいっかん》、人間救済《きゅうさい》の歴史ドラマとして展開されている。神の子イエスの誕生にはじまる天と地をむすぶ驚異のドラマといってもよい。それが、神話の壁を突きやぶり、歴史の舞台を一直線に駆けぬけていく。天から降りた神の子が、時の権力者の手によって逮捕され、反逆罪に問われ、処刑され、黄泉《よみ》にくだり、復活して天に昇る、という……。

最古とみられるマルコ福音書が七〇年代、マタイが八〇年、ルカが九〇年代。ヨハネは九〇年以降九五年代。原本はすでに失われてしまい、現在手にしうる最古の写本《しゃほん》としては、四世紀ごろ、コイネーとよばれるギリシア語で書かれた羊皮紙《ようひし》の写本が残されているだけである。

四福音書記者　（『エルサレムの福音書』より）　12世紀末　ヴァティカン教皇庁図書館
各自の書物を両手に抱えて歩む四人の福音書記者。第1回十字軍の後、エルサレムのラテン人植民地で、ビザンティンのギリシア語写本をモデルとして制作されたラテン語による彩飾写本の一頁。

リアを迎え入れるがよい。マリアの胎《たい》の子は聖霊《せいれい》によって宿った。マリアは男の子を産む。その子をイエスと名付けなさい。この子は、自分の民を罪から救うからである。

ヨセフは眠りから覚めると、マリアの身に起こった事柄の重大さに気づく。ヨセフは天使の言葉を素直に信じ、その言葉どおりマリアを妻として迎え入れ、男の子が生まれるまでマリアとの関係をもたないことを心に誓う。

3 マリアのエリサベツ訪問（ルカ1章39―56節）

さて、天使のお告げを聞いたあと、マリアは思い立って山里に向かう。ユダの町に住む年上の従姉妹《いとこ》エリサベツを訪ねるためである。マリアがエリサベツを訪ねたのは、天使の言葉が、マリアの心に霧のようにかかっていたからである。ところがどうか。マリアの挨拶を聞いた途端、エリサベツの身に不思議が起こる。胎内の子がおどったのだ。エリサベツは声高く叫んで、マリアに言った。

あなたは女の中で祝福された方。あなたの胎内のお子も祝福されています。あなたのお声を耳にしたとき、わたしの胎内の子が喜んでおどりました……。

ルカ記者は、このようにエリサベツとマリアとのあいだに起こった不思議な一致について書いている。このような不思議な偶然を宗教人類学は、「共時性《シンクロニシティ》」（同じことが、なんの脈絡も因果関係もなしに、違った場所で共時的に起こること――ユング）と呼ぶのだが、ルカはこのような手法を駆使して、救い主《ぬし》誕生に属する不思議を増幅し、物語の神秘性を高めている。こうした不思議な偶然や瞬間の真実が、地上を旅する人間の生をいかに豊かにするか、ルカ記者は知っていた。

マリアは、エリサベツの話を聞いて、神の不思議な力にうたれ、幸福な思いに包まれて歌いだす。

わたしの魂は主《しゅ》をあがめ、わたしの霊

聖霊 (Holy Spirit)

「主の霊」および「神の霊」をあらわすとくべつな用語。ヘブル語は「ルアッハ」(rûah)、ギリシア語は「プネウマ」(pneuma)。もとの意味は「風」「息」「空気」など……人の目には隠された、しかし森羅万象《しんらばんしょう》を動かす不思議な「力」をさしている。ルアッハが人に働くと、不思議な怪力を発揮するサムソンのような士師《しし》があらわれ、神の言葉を理解する預言者が登場する。ダヴィデもルアッハによって名君となる。福音書は、イエスがヨルダン川でヨハネから洗礼を受けたとき、プネウマが鳩のように天から舞いおりてきたと伝えている（マタイ3章16節、マルコ1章10節）。イエスはプネウマにみちびかれて荒野に分け入り、悪魔との闘いに勝ったのだ。イエスの弟子たちが病気なおしや殉教のさいに発揮した不思議な超能力もプネウマの働き。聖書では、ルアッハとプネウマは万能の力。逆にルアッハやプネウマが去ると、たちまち悪霊やサタンのとりことなり、からだは萎えて病気になり「死」にひきわたされる。サタンの活躍はルアッハの衰えと消滅のしるし。不幸も災害も同様。そこで人びとはひたすらルアッハとプネウマの働きを神に祈り求めたのである。「聖霊」と「悪霊」との対立は、構図としては「よい霊」と「わるい霊」との二項対立の様相を呈しているが、この対立を「主の霊」による究極の勝利のプロセスとみるところに、聖書をつらぬく独自のコスモロジー（宇宙理解）がある。

マリアのエリサベツ訪問（《聖ヴァースト祭壇画》翼部）　ジャック・ダレ（1427頃〜70）　1434〜35年　ベルリン、国立絵画館
ジャック・ダレは、ロヒール・ファン・デル・ウェイデンと共に、トゥルネで活動した画家ロベール・カンパンの弟子であった。作品は、アラスにあるフランス王家の聖ヴァースト修道院に1435年に奉納された祭壇画の翼部であり、優雅なマリアとエリサベツの造形は、ロヒールの描く人物像に近いとみられている。前景の祈る人物は寄進者。

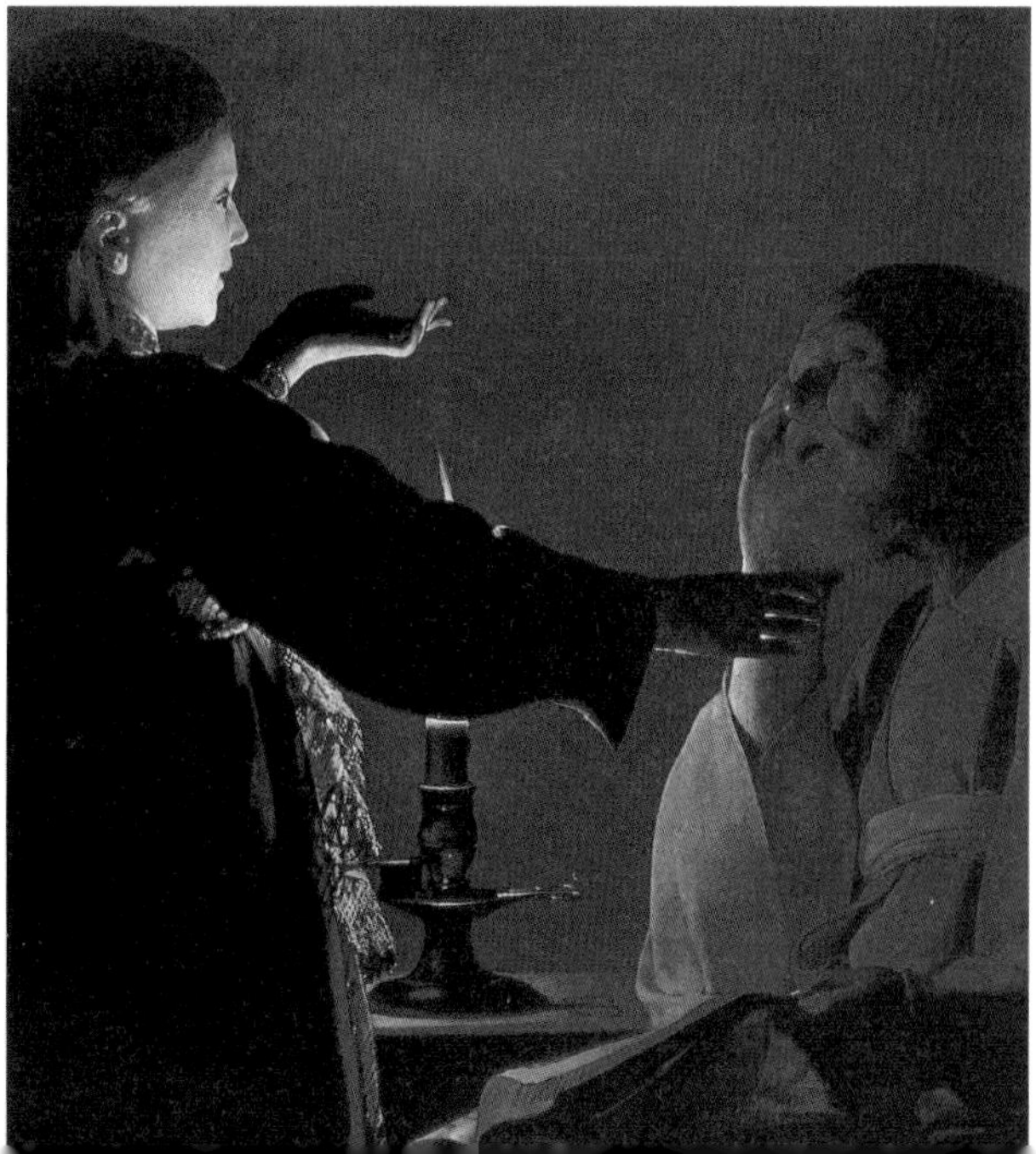

ヨセフの夢　ジョルジュ・ド・ラ・トゥール（1593〜1652）1640年代前半　フランス、ナント美術館
ヨセフの夢の中に現れた天使。ラ・トゥールは、20世紀初めに全貌が明らかとなった17世紀フランスを代表する画家。

は救い主である神を喜びたたえます。身分の低い、このはしためにも、目を留めてくださったからです。今からのち、いつの世の人も、わたしを幸《さいわ》いな者と言うでしょう。力ある方《かた》が、わたしに偉大なことをなさいましたから。その御名《みな》は尊く、その憐《あわ》れみは代々に限りなく、主を畏《おそ》れる者に及びます……。

マリアは三カ月ほどエリサベツの家に滞在し、ベツレヘムの家にもどった。

4

ヨハネの誕生とザカリアへの預言

（ルカ1章11—20、57—80節）

さて、月が満ちて、エリサベツは男の子を産んだ。人びとは、年とった不妊の女が子供を産んだことに驚き、八日目の割礼《かつれい》の日にエリサベツのもとにやって来た。この日は、命名の日であったのだ。人びとはこの地方の習慣に従い、父の名をとって、ザカリアと名付けようとした。ところが意外なことに、エリサベツが、拒んで言った。

いいえ、この子の名はヨハネでなければなりません。

人びとは戸惑《とまど》い、怪訝《けげん》に思った。エリサベツの親類に、そのような名の人は、ひとりもいなかったからである。そこで人びとはエリサベツの夫のザカリアに手

洗礼者ヨハネの誕生　アルテミジア・ジェンティレスキ（1597～1652）　1635年　マドリード、プラド美術館
ヨハネの湯浴みの準備の様子が、室内の親密な情景として活写されている。後方に、難しい表情で一心に文字を書き連ねるザカリアの姿が見えるので、忙しく手を動かし、また幼子を細心に扱いつつも、逞しい女性達の目下の関心はその命名について集中しているのかもしれない。人生の喜びに満ちた瞬間が、賑やかなざわめきと共に切り取られている。アルテミジア・ジェンティレスキは、オラツィオ・ジェンティレスキの娘で、西洋美術史に燦然と輝く女性画家の一人。

振りでたずねた。というのは、ザカリアは口がきけなかったからである。彼は以前は祭司であったのだが、あるとき聖所に入ってから、とつぜん口がきけなくなり、それが、いまだにつづいていたのだ。いったいザカリアの身に何事が起こったか、人びとは全く知らぬままだった。だから、人びとにたずねられたザカリアが、板の上に「この子の名はヨハネ」と書いたとき、人びとはその不思議な一致に驚いた。不思議は、それだけではなかった。ルカ記者は書いている。

> 次の瞬間、たちまちザカリアの口が開き、舌がほどけ、彼は立ち上がって神を賛美しはじめた。
>
> ほめたたえよ、イスラエルの神である主を。……幼子《おさなご》よ、お前はいと高き方の預言者と呼ばれる。主に先立って行き、その道を整え、主の民に罪の赦《ゆる》しによる救いを知らせるからである。
>
> これはわれらの神の憐れみの心による。この憐れみによって、高いところから、あけぼのの光がわれらを訪れ、暗闇と死の陰に座《ざ》している者たちを照らし、われらの歩みを平和の道に導く。

あとで、ザカリアが人びとに語ったところによると、ある日、聖所の中で、とつぜん天使がザカリアの前に立ち、妻のエリサベツに男の子が生まれることを予告したのだという。天使は言った。

洗礼者ヨハネの誕生　（《洗礼者ヨハネ祭壇画》左翼）　ロヒール・ファン・デル・ウェイデン（1399/1400～1464）　1450年代　ベルリン、国立絵画館
洗礼者ヨハネの生涯を描いた三連祭壇画の翼部。前景でヨハネを抱いたマリアが、筆談で命名するザカリアと静かに相対し、後方のベッドにはエリサベツが伏し、上方のゴシック風のアーチの彫刻群が物語を補完している。室内には明るい光が満ち、中間トーンからなる色彩効果と緻密な細部描写、特にマリアとザカリアの衣装の質感表現が素晴らしい。ロヒールは、鑑賞者の感性に強く訴えかける宗教画を描き、北方絵画全体、さらにイタリアまで広大な影響を与えた15世紀最大のフランドルの画家の一人。

ザカリアのもとに現れる天使　（《洗礼者ヨハネ伝》）　ドメニコ・ギルランダイオ（1449～94）1485～90年　フィレンツェ、サンタ・マリア・ノヴェッラ聖堂トルナブオーニ礼拝堂
聖所で香を焚く祭司ザカリアの前に、突如現れた天使。ギルランダイオは、15世紀のフィレンツェで最も活気のある工房を運営した画家で、作品は、フィレンツェの名家トルナブオーニ家の家族用礼拝堂のために描かれた壁画の一場面。ギルランダイオは、この場面をさらに名誉あるものとするため、舞台背景さながらに断面のみを示す聖所の前景に同家の人々はもとより、フィレンツェの有力市民や文化人の肖像を多数描き込んだ。画面左前列グループ左端の人物は、プラトン・アカデミーの創設者マルシリオ・フィチーノ。

その子の名前はヨハネ。

ザカリアは、恐れ、天使に向かって言った。

わたしも妻も老人です。そのような話をいったい何によって信じることができるでしょう。

すると天使はきっぱりと言った。

わたしはガブリエル。この喜びを伝えるために遣《つか》わされた。なのにあなたは、わたしの言葉を信じない。あなたは、口がきけなくなり、このことが起こる日まで、話すことができなくなる。

このように言って、天使はザカリアのもとを去っていった……。

人びとは、ザカリアの話の不思議に驚き、恐れを感じた。話は、しだいに、ユダヤの山里中にひろがっていった。聞いた人びとは、いったいこの子はどんな人になるのだろうかと、口々に言った。

これが、ルカ記者のしるすヨハネ誕生のいきさつである。その後のヨハネについて言えば、

幼子ヨハネは、身も心も健やかに育ち、イスラエルの人びとの前にあらわれるまで、荒野《あらの》にいた。

とルカ記者は書いている。

荒野に行く洗礼者ヨハネ
ジョヴァンニ・ディ・パオロ（1395/1400〜82） 1460年頃 ロンドン、ナショナル・ギャラリー
町の城門を出て、田畑を過ぎ、山に分け入り遥かな荒野を目指す少年ヨハネ。記号的に構成された風景と図示的に表されたヨハネの移動は、物語の叙述に徹しており、かえって夢幻的な情景として観る者の想像を喚起する。ジョヴァンニ・ディ・パオロは、幻想的な作風で知られる15世紀のシエナ派の画家。

割礼《かつれい》（Circumcision）

ペニスの包皮の一部を切りとる手術。中東・アフリカの各地に古くからおこなわれてきた慣習。男子にかぎらず女子割礼もみられるが、イスラエルでは、もっぱら男の子にかぎられていた。それは、宗教儀礼への参加が、男性だけに制限されていたことと関係がある。創世記には、男子は生後八日目に割礼を受けることによってイスラエルの神と契約を結ぶ資格を得ること、異邦人でも、割礼を受ければイスラエルびととみなされることが明記されている（創世記17章12、14節）。エルサレムに誕生した最初のキリスト教会は、こうした慣習をひきずっていたが、パウロは強く反対し、使徒ペテロやヤコブなどエルサレムのキリスト教会の指導者たちと交渉してギリシア人やフェニキア人などの異邦人にたいする割礼の免除をかちとった。

若き洗礼者ヨハネ アンドレア・デル・サルト（1486〜1530） 1526年 フィレンツェ、ピッティ美術館
暗い背景から浮かび上がる、凜然と顔を上げた少年ヨハネ。彼は、駱駝の皮を纏った荒野の苦行者の姿で表され、手に洗礼用の杯を持ち、その傍らに葦の十字架が添えられている。アンドレア・デル・サルトは、レオナルド・ダ・ヴィンチの影響を受け、柔らかく微妙な光と色彩表現を得意としたフィレンツェの画家。素描の名手であり、ポントルモの師でもあった。

●第二章

イエスの誕生

1 マリア、月満ちて子を産む
（ルカ2章1―7節、マタイ2章1―6節）

一方、話は変って、マリアにも不思議が起こる。時のローマ皇帝は、アウグストゥスであった、とルカ記者は語りはじめる。

皇帝名やシリア州総督など、歴史に登場する人物の名を、ルカ記者は好んで引用する。メシヤの誕生という永遠の時間の出来事を、世界史というこの世の時間の枠組みの中にセットし、説明してゆくルカ独特の物語手法である。

そのころ、皇帝アウグストゥスから全領土の住民に、登録をせよとの勅令が出た。これはキリニウスがシリア州の総督《そうとく》であったときにおこなわれた最初の住民登録である。人びとは皆、登録するためにおのおの自分の町へ旅立った。

注記をする。皇帝アウグストゥスの勅

出産の聖母　ピエロ・デッラ・フランチェスカ（1417頃～92）　1457～58年頃　イタリア、モンテルキ美術館
ピエロ・デッラ・フランチェスカは、20世紀に入ってイタリア・ルネサンスの巨匠として高い評価を得た画家・数学者。モンテルキは、画家の出身地中部イタリアの都市サンセポルクロに近い小村で、ピエロの母の生地であった。作品は共同墓地の小礼拝堂を飾る高さ2.6mの壁画で、天使が開け放った天幕から、腹部に手をおいた出産間近の聖母が姿を現すという珍しい図像。

令を受けて、シリア州の総督であったキリニウスが戸籍登録《ケンスス》をおこなったという記述は、ルカにだけみられる伝承であるが、ケンスス自体は碑文によっても確認される歴史的事実。ただし、それは紀元前七年、シリアでのことであり、ユダヤではない。とすると、ルカ記者が、誕生物語の年代（ルカ2章1―2節）としてしるしたユダヤにおける戸籍登録の年代記（後六／七年）との間に、微妙なズレが出

ベツレヘムの人口調査　1316〜21年　イスタンブール、コーラ修道院（現カリエ・ジャミイ）　エソナルテクス（内玄関廊）・モザイク
総督キリニウスの前で戸籍登録するマリアとヨセフ。後期ビザンティン美術を代表するコーラ修道院のエソナルテクスを装飾する金地背景のマリア伝の一場面。

ベツレヘムの人口調査　ピーテル・ブリューゲル（父 / 1526頃〜69）1566年　ブリュッセル、ベルギー王立美術館
16世紀のフランドルにおける代表的な風景画、風俗画家ブリューゲルは、場面設定をフランドル地方に求めた宗教画も描いている。本作で、臨時開設された登録所に集う人々で賑わうベツレヘムの街は、フランドルの村の雪景色におきかえられた。高所から見下ろされた画面の前景中央に、臨月のマリアをろばに乗せ、肩に鋸を担いで登録所に向かう大工ヨセフの姿が見える。

枢機卿ジャン・ロラン寄進のキリスト降誕　ムーランの画家（ジャン・エイ？／15世紀後半〜16世紀前半）　1480年頃　フランス、オータン、ロラン美術館
その様式からジャン・エイと推定されている「ムーランの画家」は、逸名ながら15世紀末フランスにおける最大の画家で、ブルボン公領の公都ムーランで活動した。右側に寄進者、後方に羊飼いを描き、寒色系の色調でまとめられ静謐な趣を湛えているこの降誕図は、画家の初期作品と考えられている。

てくる。

　これについての大方の学者の見解は、たぶんに、ルカの年代錯誤であったということで一致している。ルカ記者は、このような錯誤を他の箇所でも犯しているからである（荒井献『イエス・キリスト』下・講談社学術文庫、参照）。

　さて、先へ進む。

ヨセフはダヴィデの家に属し、その血筋であったので、ガリラヤの町ナザレから、ユダヤのベツレヘムというダヴィデの町へ上って行った。身ごもっていた、いいなずけのマリアといっしょに登録するためである。ところが、彼らがベツレヘムにいるうちに、マリアは月が満ちて、初めての子を産み、布にくるんで飼《か》い葉《ば》桶《おけ》に寝かせた。宿屋には彼らの泊まる場所がなかったからである。

　さて、ルカ記者によれば、イエスはナザレではなく、ベツレヘムで生まれた。そのことを証明するために、人口調査や住民登録といった歴史的事実を引き合いに出したとみるのが自然である。いったい何のために、ナザレではなく、ベツレヘムでなければならなかったか。

ナザレびとイエス

イエスは、どこで生まれたか。終生、「ナザレびと」と呼ばれたことからすれば、ガリラヤの寒村ナザレで生まれた公算が高いとルナンは言う（E・ルナン『イエスの生涯』忽那錦吾・上村くにこ訳、人文書院）。

当時のガリラヤは、ローマ帝国の植民地。ガリラヤを意味する「ゲリル・ハ・ゴイム」は、文字どおり訳せば「異邦人の地域」であり、そこにはユダヤ人のほかに、フェニキア人、シリア人、ギリシア人をはじめ、多くのアラブ人が入り混じって住んでいた。ヨセフも、マリアも、そのような地域の住民であった。とすると、イエスもその土地で生まれ、育ったと推定するのが、もっとも自然ではないか。

ところがルカもマタイも、イエスの出生地を徹底してベツレヘムに設定する。なぜベツレヘムでなければならないのか。理由はそれほど複雑ではない。ヨセフの故郷がベツレヘムであると主張することによって、ヨセフの家がダヴィデの血筋にかかわることを立証したいためである。ルカ記者が、なぜにイエスの誕生物語に、皇帝アウグストゥスの人口調査の勅令などという場違いな話を導入したのか。理由はそこに集中している。勅令によると、ローマ帝国が支配する領土に住む人びとは、それぞれの故郷において住民登録をしなければならなかったというのである。

ルナンなどからすると、これはルカ記者の見え透いた、もっともらしいこじつけで、単なるつじつま合わせにすぎないという。それは、ヨセフを遮二無二、名門ダヴィデの家系に位置付けることによって、イエスのメシヤとしての正統性を高めるための仕掛けである、と見るからである。

だが、ひるがえって考えると、マタイやルカ記者の「ダヴィデの系図」（マタイ1章1―16節、ルカ3章23―38節）へのあれほどの執着は、いったい何のためのものであったのか。そこには奇妙としか言いようのない自己撞着がある。なぜなら、アブラハムから名君ダヴィデを経て、ついにヨセフにいたる家父長の系図は、処女懐胎という予測を超えた出来事によってとつぜん破られるからである。要するに、「父の家」の論理は一方的に破綻し、ヨセフの血はイエスの系図から完全に締め出されてしまっている。これはトリックなのだろうか。そうだとして、いったいだれが、このようなトリックを仕組んだのか。ことによると、マタイやルカ記者が、巧みに仕組んだとも想像されるが、その想像は突飛にすぎる。なぜならそれは、旧約聖書を流れる「父の家」の論理からすれば、それと真っ向から対立し衝突する、まことに重大かつ厄介な逸脱だからである。マタイもルカも、そのことを知らぬはずがない。いや、百も承知で強行突破したのである。いったいなぜなのか。その動機はどこにあるのか。

この隠された不思議な動機の究明にこそ、誕生物語成立の謎を解く鍵がある。

キリストの降誕　アルブレヒト・アルトドルファー（1480頃〜1538）1511年頃　ベルリン、国立絵画館　西欧絵画史上、最初の夜景画の一つ。周囲を目映く照らす巨星の下、廃墟のような厩で神聖な光を放つイエスを天使があやし、礼拝するマリアにヨセフが蠟燭をかざしている。アルトドルファーは、ドナウ河流域の諸都市で活動したドナウ派最大の画家。

2 羊飼いたちは見た
（ルカ2章8―20節）

ルカ記者の頭の中は、イエス誕生の出来事を、どのように人びとに伝えるか、それがいかに宇宙的出来事で、天上界と地上界を切り結ぶ壮大な不思議ドラマであったか、そのような思いで一杯だったに違いない。問題は、物語の素材である。その良し悪しですべては決まる。ルカは、羊飼いたちの見た不思議を選んだ。

夜であった。野宿《のじゅく》をしながら羊の群れの番をしている羊飼いたち。とつぜん、夜の闇を切り裂いて、眩《まばゆ》い光の束が彼らの目の前に、落ちてきた。恐れおののく羊飼い。光が周りを照らした。彼らの目が、ようやく天使であることを認めたとき、天使は言った。

恐れるな。わたしは、民全体に与えられる大きな喜びを告げる。今日ダヴィデの町で、あなたがたのために救い主がお生まれになった。この方こそ主メシヤである。あなたがたは、布にくるまって飼《か》い葉《ば》桶《おけ》の中に寝ている乳《ち》飲《の》み子《ご》を見つけるであろう。これがあなたがたへのしるしである。

驚き恐れる羊飼いたち。彼らは息を呑

羊飼いへのお告げ　12世紀初頭／後半　スペイン、レオン、サン・イシドーロ参事会聖堂王家墓廟天井画
夜半、天使が、家畜の番をする羊飼いに、メシヤの誕生を告げている。作品は、侵攻するイスラム勢力に対してレコンキスタ（領土回復運動）を推し進めた王都レオンの王家墓廟のキリスト伝などを主題とした壁画装飾の一場面。明快な配色と大胆な構成、のびやかな線描からなる羊飼いや家畜の生き生きとした形態は、聖夜の歓喜とともに、イベリア半島におけるキリスト教王権の絶対化・永遠化という当時の政治的理念をも伝えている。

むばかりであったのだ。次の瞬間、天使の軍団が、雲のように飛来して来るのを彼らは見た。天上から、美しい合唱が流れてくる。

いと高きところには栄光、神にあれ。
地には平和、御心《みこころ》に適《かな》う人にあれ。

彼らは、ただ茫然と聴いていた。やがて天使たちが天の彼方に消え去るのを見届けたとき、羊飼いたちは、夢から覚めたように、口ぐちに言った。

さあ、ベツレヘムへ行こう。主が知らせてくださったその出来事を見ようではないか。

ベツレヘムは、エルサレムの南十キロほどにあるダヴィデの出生地である。もしもメシヤであれば、ベツレヘムにあらわれる。彼らは急いで山を下り、ベツレヘムの一軒の宿を探しあて、ひとりの乳飲み子を見つけだす。乳飲み子は、飼い葉桶の中で眠っていた。天使の言葉どおりである。それを見て、羊飼いたちは確

キリストの降誕　ドメニコ・ベッカフーミ（1486～1551）　1522年頃　イタリア、シエナ、サン・マルティーノ聖堂
降誕図に描かれた古代の廃墟は、伝統的にイエスの誕生により滅びる異教世界を象徴しているが、この祭壇画でも聖霊の光輝が、古代ローマの凱旋門らしき遺構を浮かび上がらせている。天使の群れが聖霊を巡り、また犠牲を象徴する子羊を傍らに横臥するイエスを見守るなか、画面左から続々と羊飼いが訪れている。ベッカフーミは、レオナルドの明暗法とミケランジェロとラファエロの造形に学んだシエナ派最後の画家で、強烈な色彩と明暗の効果をもつこの降誕図には、イエスの犠牲的な死、聖餐の秘跡が憂愁の気配と共に暗示されている。

イエスの降誕
フェデリコ・バロッチ（1535頃〜1612）1597年　マドリード、プラド美術館
羊飼いを招き入れるヨセフとイエスを礼拝するマリアが対角線を強調した構図で描かれている。中部イタリアの都市ウルビーノ出身のバロッチは、カトリック復興を目指した対抗宗教改革期の精神を具現化した末期マニエリスムの画家。ラファエロやコレッジョの様式、ヴェネツィア絵画に学び、豊かな色彩と優しい表現によって民衆に語りかける宗教画を描いた。

信する。この方こそ、「救い主《ソーテール》（soter）」であったろう。

さてルカ記者が、なぜ不思議の出来事の証人として羊飼いを選んだのか。そのほんとうの理由は、今も隠されたままである。ただし誤解のないように注記すると、羊飼いが野の人であったことは確かだが、そのことは、彼らの貧しさや社会的身分の低さを意味するものではない。むしろ逆に、羊飼いは、遊牧民として農民以上に誇り高い民であった。アブラハムもダヴィデも羊飼いだったのだ。羊飼いは、夜の星の監視者。真っ先に天上界の異変を知る者。ルカが羊飼いを選んだ背景には、そうした動機が働いていた。

羊飼いたちは、その光景を見て、この幼子について天使が話してくれたことを人びとに知らせた。聞いた者は皆、羊飼いたちの話を不思議に思った。しかし、マリアはこれらの出来事をすべて心に納めて、思い巡らしていた。羊飼いたちは、見聞きしたことがすべて天使の話したとおりだったので、神をあがめ、賛美しながら帰って行った。

ルカ記者が、イエス誕生の出来事を壮大な宇宙ドラマとして描き出していることは、すでに見てきたとおりである。羊飼いたちは、その奇跡のかけがえのない目撃証人として登場する。今や、彼らはその役割を完了し、静かに舞台から消えてゆく。ルカ記者は、このようにして最初のドラマの幕を閉じる。

羊飼いの礼拝（ラ・ノッテ）　コレッジョ（1489頃〜1534）1529〜30年頃　ドレスデン、国立絵画館
飼い葉桶の中のイエスをいとおしげに抱き寄せるマリア。イエスから発する神秘的な光は、イエスを中心とした二本の対角線によって強調されながら、幸福感に満ちたマリアの表情とメシアの降誕に立ち会う感動に浸る二人の羊飼い、さらにその光輝に思わず手をかざす村娘を照らし出している。この祭壇画は、北イタリアのパルマで活躍した画家コレッジョの宗教画の傑作の一つとされ、見事な夜景表現のために《ラ・ノッテ（夜）》の愛称で親しまれた。

メシヤ (Messiah)

ヘブライ語では「マーシーアハ」(masiah)。ギリシア語は「クリストス」(christos)。どちらも「油そそがれた者」を意味し、「救い主」をさしている。なぜ「油そそがれた者」が「救い主」をさすようになったのか。背後に浮かびあがるのは、オリーブ油のなかに神の霊力が含まれているとみた古代イスラエル人の信仰。イスラエル人は、オリーブ油をからだにぬったり頭にそそいだりする行為にとくべつな宗教的意味を見出し、「聖別《せいべつ》」の儀礼として守ってきた。「聖別する」とは、人間や物を神の御用のために選びだし、聖なるものとして神に捧げることを意味していた。

ダヴィデもソロモンも古代イスラエルの王たちは、油をそそがれることによって王の位についた。こうして「油そそがれた者」を意味するヘブライ語「メシヤ」は、神に仕えるとくべつな人を意味する宗教用語として定着し、新約聖書に引き継がれていくことになる。イエスを「メシヤ」と呼んだり「キリスト」と呼んだりする背景には、このような長い歴史があった。

3 東方の博士たち
（マタイ2章1—12節）

ルカ記者が羊飼いを選んだのにたいし、マタイ記者は占星術の博士たちを選んだ。占星術の博士こそが、メシヤ降誕の最初の証人にふさわしいと確信したからであろう。マタイの場合も、話は宇宙的である。マタイは、次のように書き出している。

イエスは、ヘロデ王の時代にユダヤのベツレヘムでお生まれになった。

そのとき、占星術の学者たちが東の方からエルサレムに来て、言った。「ユダヤ人の王としてお生まれになった方は、どこにおられますか。わたしたちは東方でその方の星を見たので、拝みに来たのです」。これを聞いて、ヘロデ王は不安を抱いた。エルサレムの人びとも皆、同様であった……。そこで王は、祭司長や律法学者たちを集めて問いただした。メシヤ（キリスト）は、どこに生まれるのか……。

さて、占星術の博士（マギ）であるが、単なる星占い師とは全く違う。星の運行や月の満ち欠けなど、天文現象の観測結果にもとづいて農業に必要な年間の気候

マギの旅　ジェームズ・ティソ（1836～1902）1894年頃　アメリカ、ミネアポリス美術館
隊列を組み、砂漠を越えて進む三人のマギの一行。フランスの画家ティソは、1880年以降実際に中東に旅行し、取材した現地風俗を、聖書の時代に即して再構成する実証主義的な宗教画を描いた。

のデータを人びとに提供するし、天文現象の異変があれば、すばやくそれをとらえて解読し、間近に起こる政変や天変地異を予告する。それがマギの仕事であった。マタイが、このような東方のマギ（一説によるとペルシアのマゴス）の言葉を、イエス誕生の不思議を伝える目撃証言として採用したのは、まことに当を得た選択であったと言うべきだろう。マギたちは異口同音に、「わたしたちは東方でその星を見たのです」と星の異変を証言した。

その噂を聞いたとき、ヘロデ王の心は黒雲のような不安で一杯になった、とマタイ記者は書いている。なぜならそれは、間近に起こる政変の前ぶれであるように思われたからである、と。

ヘロデは、ひそかに東方のマギたちを王宮に呼び寄せて言った。星が、いつ、どのように輝いたのか。それは、どのような政変の前ぶれか明かすがよい、と。だが、ベツレヘムに生まれたユダヤ人の王のことは、まだマギたちにさえ、わからなかったのだ。

ヘロデは、いらだちを隠すふうもなく言った。

これからすぐベツレヘムへ行って、その子のことを詳しく調べ、見つけたら、すぐさま知らせてくれるように。

ヘロデからすると、ほんとうは、見つけたらすぐに、その場で殺して欲しいと言いたかったのだ。もちろん、そうしたヘロデのいらだちを、博士たちは手にとるように見抜いていた。

さて、博士たちが王宮の外に出ると、見よ、彼らが東方で見た星が、彼らの先に立って進み、ついに幼子のいる場所の

三人のマギの前に現れるベツレムの星《キリスト降誕の祭壇画》ロヒール・ファン・デル・ウェイデン　1452～55年頃　ベルリン、国立絵画館
中央パネルに降誕図を、両翼に降誕の告知の挿話を描いた三連祭壇画の右翼にあたり、東方の三人のマギが、輝く子供の姿をした星を驚愕しつつ見つめている。三人は、6世紀以降しばしばメルキオール、バルタザール、カスパールと命名され、老年、壮年、青年の姿に描き分けられ、さらにアジア、ヨーロッパ、アフリカ――「全世界」の代表として表現された。本作でも、冠を取って礼拝する若いカスパールの縮れた頭髪は、彼がアフリカ人として描かれていることを示している。

上で止まったではないか。そこが、ベツレヘムなのだった。何という不思議！

マタイ記者は書いている。

学者たちは、その星を見て喜びにあふれた。家に入ってみると、幼子は母マリアと共におられた。彼らはひれ伏して幼子を拝み、宝の箱を開けて、黄金、乳香、没薬《もつやく》を贈り物として捧げた……。

このようにして、星の動きの意味するものを、博士たちは目の前で確かめたのだ。博士たちのその後の行動については、もう書く必要もないのだが、マタイは、次のように書き添えている。

「ヘロデのところへ帰るな」という天使の夢のお告げによって、博士たちは、別の道を通って自分たちの国へ帰って行った。

ここでも天使は、大事な役割を果たしている。ルカ記者が、イエス誕生の出来事を、いかに壮大な宇宙のドラマとして描き出そうとしているかがわかる。

◀東方三博士の礼拝 ハンス・ジュス・フォン・クルムバッハ（1480頃～1522）1511年　ベルリン、国立絵画館
輝く星に導かれ、ベツレヘムへ到着した三人のマギがイエスに贈り物を捧げている。クルムバッハは、アルブレヒト・デューラーに弟子入りし、その多大な影響を受けつつ制作したバイロイト近郊出身の画家。

▼眠るマギへのお告げ 1120～30年頃　フランス、オータン、サン・ラザール大聖堂　内陣柱頭
夢に現れた天使が片手で星を示しつつ、もう片方の手で三人のマギの一人の手にそっと触れてお告げを伝えている。10世紀以降、マギは王として表された。

三人の博士《マギ》

博士にあたるギリシア語は「マグス」。「マギ」はその複数形。新共同訳では「占星術の学者」、あるいは「魔術師」（使徒行伝）と訳されているが、原語は同じ。通常「三人の博士」と言われるが、正確な人数は不明。占星術は、天文現象の異変を解読したり、未来の出来事を予測する術としてペルシアの秘教的知識と絡んで発達した。ゾロアスターは、彼らの尊師と信じられた。

マギの礼拝　リュベンス　1609年　マドリード、プラド美術館
マギの礼拝は、多くの人物や事物を配した豪奢な風俗絵巻として表現された。夜の闇を松明で焦がしつつ、貴重な貢ぎ物を携えてベツレヘムの厩を訪れた東方のマギの一行を描いたこの作品は、1609年のスペインとオランダの休戦交渉に際し、アントウェルペンにおける国際貿易の復活と経済発展を願って、会場となるアントウェルペン市庁舎の大会議室に掲げるために制作された。

イエスの生誕は、いつであったか

マタイ記者は、ヘロデ王の治世にセットした。ヘロデ王は紀元前四七年からローマ帝国の属領ガリラヤの総督に任命され、前四〇年に、ローマ帝国の時の皇帝オクタヴィアヌスの信任を得てユダヤの王位につき、前四年に病没するまで、パレスティナ一帯を領有した。マタイ記者の言うとおり、もしもイエスの誕生がヘロデ王の治世下であったとすれば、それは紀元前四年より以前の出来事となる。そうだとすると、ただちに、ルカ記者の記述との不整合が浮上する。なぜならルカによると、イエスの生誕は、ローマ皇帝アウグストゥス（在位、前二七—後一四年。前名はオクタヴィアヌス）の勅令により、ユダヤで「戸籍登録」がおこなわれた年であるというのだが、碑文によるとそれは、紀元後六、七年であることが確認されるからである。一方、同じような戸籍登録が、シリアでは紀元前七年に実施されている。ルカの記述は、そのどちらを指すのか。この点について言えば、ルカの記述には明らかな事実誤認か年代錯誤があると言わざるを得ない。

4 聖家族のエジプト逃避《とうひ》（マタイ2章13—23節）

ヘロデが、幼子の命を狙っている。ヘロデは、闇の国の大王である。こうした図式を駆使して、マタイ記者は、聖家族のエジプト逃避というドラマを演出した。ドラマは、博士たちが帰ったあと、ヨセフがまどろみの中で、天使の御《み》告《つ》げを聞くところからはじまる。天使は、こう言う。

起きて、子供とその母親を連れてエジプトに逃げ、わたしが告げるまで、その地にとどまっているがよい。ヘロデが、その子を探し出して殺そうとしている。

そこでヨセフは、夜のうちに起きだし、幼子とその母を連れてエジプトへと旅立った。そしてヘロデが死ぬまで、その地にとどまる。

エジプトのキリスト教会（いわゆるコプト教会）の伝える古伝承によると、幼子イエスを連れたヨセフとマリアの足跡は、ナイル川下流の西方砂漠の涸れ谷《ワディ》から、ナイル川上流の砂漠地帯まで、はるか一千キロにわたってつづいている。伝説にまつわるマリアの泉、マリアが休息したオリーブの大樹の切り株、幼子イエスの手形をとどめるナイル東岸の奇跡の岩、ヨセフのろばが休んだ場所など、伝承は豊かに語り継がれ、ところによっては聖堂や修道院が建立されて、今に引き継がれている。（山形『砂漠の修道院』平凡社、参照）

エジプトへの逃避 ジョット・ディ・ボンドーネ（1267頃～1337）1304～05年 イタリア、パドヴァ、スクロヴェーニ礼拝堂
神を信じ凛としてろばに乗るマリアを振り返りつつ進むヨセフ。空には二人を先導する天使、また福音書外典に基づき同行する四人の若者が描かれている。作品は、人間を中心とする現実的な世界を豊かな感情表現と共に描き、西欧中世絵画の革新者となったジョットの芸術的頂点を示す、スクロヴェーニ礼拝堂の壁画、《キリスト伝》連作の一場面。

真っ青な空をうつすナイル川の岸辺にそった砂漠の道を、ヨセフの引くろばの背にゆられ、母マリアに抱かれて旅する幼子イエスの風景は、エジプト人の物語嗜好にぴったりなのか、絵画やイコンなど、たくさんの伝承史料がエジプトの地に残された。

マタイ記者によると、ヨセフ一家がイスラエルにもどるのは、ヘロデ王の死のあとである。主の天使がエジプトにいるヨセフの夢にあらわれ、こう言ったという。

起きて、子供とその母親を連れ、イスラエルの地に行きなさい。この子の命を狙っていた者は、死んでしまった。

そこでヨセフは、幼子とその母を連れ、イスラエルの地に帰っていった。しかし、ヘロデ王の死後、その子アルケラオス（紀元前四年—後六年にかけてのユダヤの支配者。王の称号は認められず、支配者というにとどまる）が跡を継いでユダヤを支配していると聞き、聖家族は難を避けて、エルサレムから離れたガリラヤ地方にひきこもり、ナザレの町に住まいを定めた。

エジプトへの逃避　アンニーバレ・カラッチ（1560～1609）　1604年頃　ローマ、ドーリア・パンフィーリ美術館
ヴェネツィア絵画の色彩とコレッジョやフェデリコ・バロッチ作品の影響下に、従兄弟ルドヴィコと兄アゴスティーノと共にボローニャで共同制作を行ない、劇的で人の心に訴える宗教画によってバロック絵画の創始者の一人とされるアンニーバレ・カラッチは、1595年以降ローマに移り「理想的風景画」の分野をも開拓している。晩年に描かれたこの作品では、広がりのあるみずみずしい風景の中に聖家族が小さく捉えられ、その遥かな道程がメランコリックな気分と共に暗示されている。

エジプト逃避途上の休息　ヨアヒム・パティニール（1480頃～1524）　1520年頃　マドリード、プラド美術館
旅の荷物を降ろし、イエスに授乳するマリア。眺望の開けたパノラマ的な風景は、右奥の幼児虐殺とその手前の麦の収穫の奇跡、さらに左奥の神殿における偶像の転倒などエジプト逃避にまつわる挿話のほか、「罪深きこの世界」を象徴する様々なモティーフから構成され、イエスをこの世における巡礼者の規範とみなす当時の思想を反映している。作品は、最初期のフランドルの風景画家であり、世界に含まれるもの全てを眼前に示そうとする「世界風景画」の様式的確立者とされるパティニールの代表作。

幼児虐殺　マルカントニオ・ライモンディ（1482頃～1534頃）　ロンドン、大英博物館
ヘロデ王は、三人のマギが黙って帰国したことに怒り、ベツレヘム一帯の2歳以下の男子を全て殺させた（マタイ2:16）。これらの子供たちは、キリスト教の最初の殉教者として崇められ、幼児虐殺の主題を扱った作品も数多い。本作は、デューラーの多大な影響を受けたボローニャ近郊出身の版画家マルカントニオ・ライモンディが、1510年以降ローマでラファエロの下絵をもとに制作したエングレーヴィングの一点。

5

幼子の「神殿奉献《ほうけん》」—シメオンの賛歌

（ルカ2章22—38節）

ルカ記者が、イエス誕生の出来事を壮大な宇宙ドラマとして描き出していることは、すでに見てきたとおりである。だがルカ記者はここでは一転して、ヨセフとマリアが、この世という秩序の中で、いかにユダヤの律法に忠実なユダヤ教徒として生きていたかを読者に印象づけている。

さて、清めの期間が過ぎたとき、ヨセフとマリアは、その子を主に捧げるため、エルサレムに連れて行った。それは主の律法に「初めて生まれる男子《だんし》は皆、主のために聖別される」と書いてあるからである。また、主の律法に言われているとおりに、山鳩ひとつがいか、家鳩の雛《ひな》二羽をいけにえとして捧げるためであった。

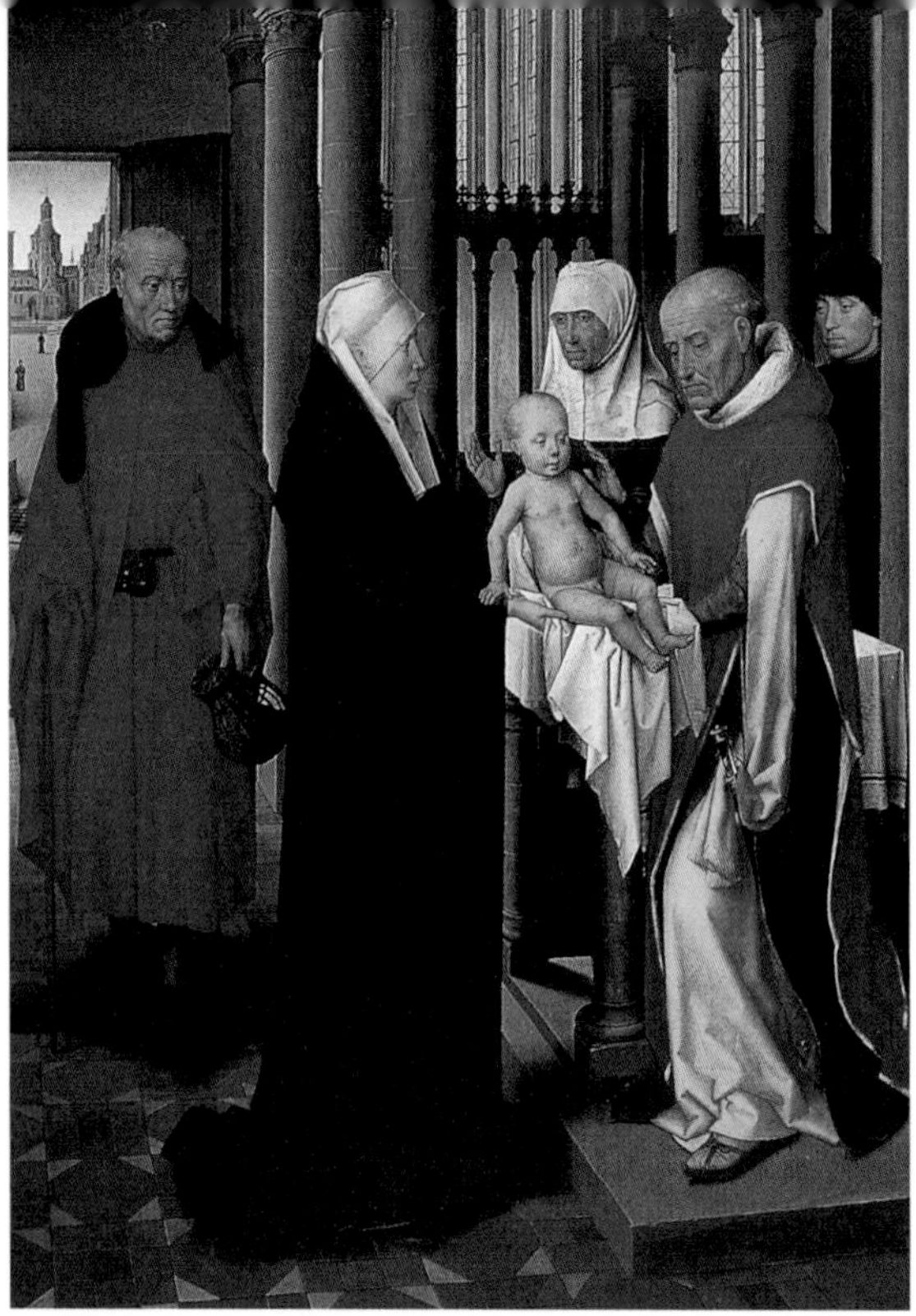

▶キリストの神殿奉献（《マギの礼拝の祭壇画》右翼） ハンス・メムリンク（1430/40頃〜94） 1470年代 マドリード、プラド美術館
メムリンクは、ブリュージュで活動したドイツ出身の画家。本作品は、三連祭壇画の右翼にあたり、ロヒール・ファン・デル・ウェイデンの同名祭壇画の影響が認められるが、メムリンクは祭壇画全体の空間的統一を図り、各部のヨセフにそれぞれの主題を厳粛に見守る役割を担わせイエスの幼年時代という物語全体を強調している。

▼キリストの神殿奉献 アンドレア・マンテーニャ（1431〜1506）1450年代 ベルリン、国立絵画館
北イタリアのパドヴァ近郊出身の画家マンテーニャは、ジョヴァンニ・ベリーニの義理の兄弟にあたる。二人には構図的共通性を持つ数点の作品があるが、本作はその代表的なもので、マリアの表情にはベリーニの画風が、堅固な画面構成にはマンテーニャの特徴が指摘されている。背景の左右の端の男女は、マンテーニャとその妻の肖像であるとみなされてきた。

「主のために聖別される者」とは、ユダヤの律法によると、「ナジルびと」を意味し、生涯のある期間を「ナージル」（ヘブライ語Nazir）として三つの戒律（民数記6章1―8節）に従って生きるよう誓約を立てた者をさしている。

三つの戒律とは、①ぶどう酒を断つ。②頭にかみそりをあてない。③死体に近づかない。たとえ父母、兄弟が死んだときでも……。

誓願《せいがん》の期間は三十日、六十日、七年、二十一年、一生涯、と定められている。

ヨセフとマリアが、幼子イエスをエルサレムに連れて行ったのは、こうしたユダヤの律法に従って、イエスを「ナジルびと」として、主に捧げるためであったことは間違いない。そのために、鳩のいけにえを用意して、神殿に近づいたのであろう。

そのとき起こったある小さな出来事を、ルカ記者は書きとめている。シメオンという信仰のあつい人があらわれて、幼子イエスを腕に抱き、神を讃美してこう言ったのだ。

主よ、今こそあなたは、お言葉どおり、この僕《しもべ》を安らかに去らせてくださいます。わたしはこの目であなたの救いを見たからです。これは万民のために整えてくださった救いで、異邦人を照らす啓示《けいじ》の光、あなたの民イスラエルの誉れです。

シメオンは、メシヤに会う日までは決して死なない、というお告げを主から受け、その日の来るのを待ちつづけていたのである。

ヨセフとマリアはシメオンの言葉に驚いた、とルカ記者は書いている。だがおそらくルカ記者は、その言葉の中に預言者イザヤの救いの日の預言の言葉を見ていたのだ。

旧約聖書の『イザヤ書』には、こう書かれている。

見よ、おとめが身ごもって、男の子を産み、その名をインマヌエルと呼ぶ。（イザヤ書7章14節）

そのような思いの中で、ルカは最後に、シメオンの口をとおして不思議な預言を語らせる。シメオンが、マリアに告げる言葉である。

この子はイスラエルの多くの人を倒したり、立ち上がらせたり、また反対を受けるしるしとして定められている。あなた自身も剣《つるぎ》で心を刺し貫かれます。

マリアは、言葉もなく聞いていた。不吉な予感が、マリアの心を掠《かす》めたに違いない。

イザヤの預言

旧約聖書に登場する代表的な預言者。（預言者はヘブライ語で「ナービー」＝語る人、nabi）イザヤは四十年にわたる預言者としての活動ののち、マナセ王の反動時代に政治犯として逮捕され、のこぎりで挽き殺されたと言われている。紀元前六九〇年ごろのことである。地上の王への深い失望がイザヤの預言を神の国の幻に向かわせ、なぐさめと希望にみちた詩を後世に残すことになった。イザヤ書35章は、その典型。

「荒野と、かわいた地とは楽しみ、砂漠は喜びて花咲き、さふらんのように、さかんに花咲き、かつ喜び楽しみ、かつ歌う……。そのとき、見えない人の目は開かれ、聞こえない人の耳は聞こえるようになる。そのとき、足の不自由な人は、しかのように飛び走り……それは荒野に水が湧き出で、砂漠に川が流れるからである……」。イエスの神の国運動はまさに、このイザヤの預言と響き合う。

学者たちと議論するイエス　フセペ・デ・リベーラ（1591〜1652）1630/40年頃　ウィーン、美術史美術館
イエスの背後で、困惑し顔を見合わせるマリアとヨセフ。リベーラは、若くしてイタリアに渡り、16世紀の巨匠やカラヴァッジョの明暗法に学び、苛烈なまでに写実的な画風でスペイン領有下のナポリの画壇を主導したスペイン出身の画家。

6　十二歳のイエス——マリアの戸《と》惑《まど》い
（ルカ2章41—52節）

ユダヤには、過越《すぎこし》の祭《まつ》りと呼ばれる春祭りがある。春分から数えた最初の満月の夜、「種入れぬパン」を食べて、モーセのエジプト脱出の偉業を回想し、民族の歴史の始源を記念する大祭である。この祭りの日がくると、ヨセフとマリアは、宮詣《もう》でのために、イエスを連れてエルサレムへの旅に出るのを習慣としていた。

そのことを、ルカ記者はていねいに書きとめている。エルサレムの宮とは、さかのぼれば、ソロモン王によって造営された壮麗をきわめた神殿である。それは、バビロニアのネブカドネザル王のエルサレム侵攻によって破壊され（前五九七年）、その後も何回かの再建と破壊を繰り返し、イエス誕生時について言えば、そのとき神殿はヘロデ王による大改修の最中であった。

次の話はイエスが十二歳になったときのエピソード。その年も、無事に宮詣でをすませ、家族そろってナザレの町に帰る途中、とつぜんイエスが行方不明になったのだ。血まなこになって捜し回ったが、見つからない。それでやむなく、もと来た道をエルサレムに向かって引き返す。すでに三日が過ぎていた。ルカによると、イエスがようやく見つかったのは、神殿の境内であったという。ひとりの少年が群衆の真ん中に座り、学者を相手に、さかんに論議をしていた。周りを取り巻く大人たちは、少年の賢い受け答えに舌をまいている。

その有様を見て、マリアとヨセフがどれほど驚いたことか。

マリアが、イエスに近づいて言った。

なぜ、こんなことをしてくれたのです。父さんも母さんも、どれほど心配して、捜しまわっていたか、お前にはわからないのですか。

マリアは、途方に暮れている。いっしょに親身になって捜してくれた親類縁者や知人にたいしても、合わせる顔がない。そのような中で、イエスはこう答えた、とルカ記者は書いている。

どうして捜したりなどしたのですか。わたしが自分の父の家にいるのは当たり前ではないですか。どうして、母さんはそんなことを知らなかったのです……。

ああ、何ということを、この子は言うの

▲学者たちと議論するイエス　パオロ・ヴェロネーゼ（1528〜88年）1558年頃　マドリード、プラド美術館
並みいる学者を前に、熱弁をふるう利発そうなイエス。背後の群衆の中にはイエスを探して神殿に戻ったマリアとヨセフの姿も見える。ヴェロネーゼは、壮麗な色彩と構図、装飾的な画風でティツィアーノ以後のヴェネツィア絵画を代表する画家の一人。

▶聖家族　シモーネ・マルティーニ（1284/85頃〜1344）1342年　イギリス、リヴァプール、ウォーカー美術館
神殿で両親に発見されたイエス。マリアの膝の上に開かれた聖書には「なぜ、こんなことをしてくれたのです（ルカ2:48）」という一節が書かれている。シエナ派最大の画家シモーネ・マルティーニ最晩年のユニークな作品。

だろう。マリアは身がちぢむような思いである。少年イエスの言葉の真意は、神殿は、わたしの父の家。わたしが父の家にいるのに何の不思議があるのです……、といった意味であるが、マリアにもヨセフにも、言葉の意味はわからない。ルカ記者は、マリアとヨセフの不安と戸惑いばかりを大きく浮かびあがらせて、福音書の書き出しの物語を締めくくる。
　いよいよここから、次のドラマがはじまるのだ。

●第三章

バプテスマのヨハネの登場

洗礼者ヨハネ　エルコレ・ロベルティ(1450頃〜96) 1480年頃　ベルリン、国立絵画館
洗礼者ヨハネは、荒野でいなごと野蜜を常食とし苦行していた。北イタリアのフェラーラ出身の画家エルコレ・ロベルティは、この極限まで研ぎ澄まされた隠者の肉体を、磔刑(たくけい)像を手に瞑想にふける優美な立像として、柔らかな光の中に際だたせた。作品は大型の祭壇画の一部を構成していたとみなされている。

1　洗礼者《バプテスマ》のヨハネ

(マルコ1章1—18節、マタイ3章1—12節、ルカ3章1—9節)

福音書記者たちは、バプテスマのヨハネを、ヨルダン川の荒野《あらの》に住む預言者として描いている。そしてこの荒野の預言者こそ、かの年老いたザカリアとエリサベツとの間に生まれたヨハネであった。

ヨハネは、ユダヤ全土からぞくぞくと押しかける群衆に向かって、近づきつつあるこの世の終末と神の審判を宣《の》べ伝え、ヨルダン川の水で、罪の悔い改めのバプテスマを授けていた。

まむしの子らよ、迫りくる神の怒りから逃れられると、だれがお前たちに教えたのか。自分たちの父祖には、アブラハムがいるなどと、心の中で思ってもみるな……。斧はすでに木の根もとにおかれている。良い実を結ばない木は、ことごとく切られて火に投げこまれる。(ルカ3章7節以下、マタイ3章7節以下)

ヨハネの教えが、社会の底辺に押し込められていた貧しい群衆の心にどのような思いをかきたてたか。迫りくるこの世の終わりにそなえて、魂の救いを渇望した人びとは、自らの罪を告白し、汚《けが》れたからだをヨルダン川の流れに投げこんだ。

ヨハネによると、ヨルダン川の水は罪の赦《ゆる》しの聖霊の働きそのものである。水

洗礼者ヨハネの説教
ジョヴァン・バッティスタ・ガウッリ（バチッチャ／1639〜1709）
1685〜95年頃　パリ、ルーヴル美術館
荒野は、ここでは緑なす雄大な風景へと変貌し、ヨハネの言葉に応える群衆の描写にも甘美な叙情性が感じられる。ジェノヴァ出身のバチッチャは、リュベンスやヴァン・ダイク、コレッジョの様式に学んだ後、ローマでベルニーニに重用された盛期バロックの装飾様式を代表する画家。

と聖霊とは、ヨハネの中でひとつに重なり合っている。人びとは救いの水の恍惚を経験し、ヨハネの中に待望のメシヤを期待した。群衆は、救い主メシヤの到来を待ち望んでいたのだ。だが、ヨハネは違う。彼はきっぱり否定して言った。

わたしは水でバプテスマを授けるが、わたしよりも力のある方が、わたしのあとからおいでになる。わたしは、その方のはき物のひもをとく値打ちもない。この方は、聖霊と火とによって、お前たちにバプテスマをお授けになるであろう……。

ヨハネの主張は明白である。自分にたいし、ひそかにメシヤではないかと期待を寄せる人びとに向かって、わたしは先駆けにすぎないと言っているのだから。

わたしは水のバプテスマ。あとに来る方は火のバプテスマ。火は、すべてを焼きつくす。その恐ろしい神の怒りの日が、今や目前に迫っている。良い実を結ばない木は切られ、容赦なく火に投げこまれる。

いったい、どうすればよいのか。人びとの心は揺れ動く。このような群衆の中にイエスもいた、とマルコ記者は書いている。いよいよ、イエスの登場である。

2 イエスの受洗《じゅせん》

（マルコ1章9—11節、マタイ3章13—17節、ルカ3章21—22節）

そのころ、イエスはガリラヤのナザレから来て、ヨルダン川でヨハネからバプテスマを受けた。水の中から上がるとすぐ、天が裂けて「霊《れい》」が鳩のように自分に降《くだ》ってくるのを見た。すると、「あなたはわたしの愛する子、わたしの心に適《かな》う者」という声が、天から聞こえた。

イエスが、ナザレの家を出て、ヨルダン渓谷に向かったのは、紀元二八年から二九年にかけてである。イエスの推定年齢は三十一歳から三十二歳。その時、いったい、何事が起こったのか。水の中から上がると「霊」（プネウマ）が鳩のように舞い降りてきた、とマルコ記者は言う。イエスは洗礼のあと、二度と再びナザレの家にはもどらなかった。イエスはこの時を境に、父の家を出たのである。

イエスが洗礼を受けたあたりは、ヨルダン川がガリラヤ湖に流れ込むガリラヤ湖北辺の渓谷である。そこから、それほど遠くないあたりに、ベッサイダの村がある。イエスの最初の弟子となったアンデレとペテロの兄弟の故郷である。（ヨハネ1章40—44節）

それにしてもイエスは、どのような思いで、洗礼を受けることを決意したのか。

父のヨセフはすでに世を去り、母マリアの家には、イエスを頭に、ヤコブ、ヨセ、ユダ、シモンの兄弟と四人の姉妹が暮らしていた。姉妹の名は、知られていない。ユダヤの家父長制の慣習によると、家父長亡きあとの一家の面倒は、成人に達した男子が継承するしきたりであったから、長子であるイエスが家族の面倒をみていたことは疑問の余地がない。

記者たちの一致した証言によると、父のヨセフは家造りの職人であり、イエス自身も父について、その仕事によって生計を支えていた。当時のユダヤ社会では、ラビと尊称される律法学者や教師たちの大部分は、職人を兼ねていた。とくに家造りの職人は、単なる肉体労働者ではなく、その多くは学識者とみなされていた（D・フルッサー『ユダヤ人イエス』池田裕・毛利稔勝訳、教文館、二〇〇一年）。

そのような一家の柱であるイエスが、突如、家を出たのである。まるで出家同然のようにである。なぜ、家を出たのか。

キリストの受洗　ヤコポ・ティントレット（1519〜94）1580年頃
ヴェネツィア、サン・シルヴェスロ聖堂
身を翻し洗礼を施す逆光のヨハネと、まばゆく降り注ぐ光を水と共に一身に浴びるイエス。対角線からなる簡潔な構成に、塑像的な量感を備えた二人の身体を対照的に描いたこの作品は、今日、ヴェネツィアの画家ティントレットの晩年における最も詩情に満ちた作品の一つとみなされている。

キリストの受洗　カミーユ・コロー（1796〜1875）1845〜47年　パリ、サン・ニコラ・デュ・シャルドネ聖堂
木々に囲まれ、柔らかな光を浴びながら流れるヨルダン川の岸辺で進行する洗礼の情景。上方には、衣をはためかせ飛来する天使の姿がみえる。パリ生まれのコローが洗礼を受けた聖堂の洗礼礼拝堂のための祭壇画。

突きつめれば「かねての心」、さしずめ「素心《そしん》」とか「素願《そがん》」という言い方になるのだろうか。それともイエス自身の内部に球根のようにそなわる、生まれながらの感性、あるいは神の招きとでも言うほかないのだろうか。

　マリアの家にとって、それが驚きでなかったはずはない。

　思えばルカ記者は、すでに起こるべき家族間緊張を予知し、十二歳の少年イエスの宮詣でのエピソードを挿入したのではなかったか。家族問題は、ことのほか大きくイエスの上にのしかかっていたに違いない。だからこそイエスは、折りにふれて、家族の絆《きずな》の断絶について繰り返し明言しなければならなかったのではないか。ルカ記者はその辺を正確に読んで記録している。不思議なイエスの言葉である。

もし、だれかがわたしのもとに来るとしても、父、母、妻、子供、兄弟、姉妹を、さらに自分の命であろうとも、これを憎まないなら、わたしの弟子ではありえない。（ルカ14章26節）

またイエスは、こうも言う。

はっきり言っておく。神の国のために、家、妻、兄弟、両親、子供を棄てた者はだれでも、この世では、その何倍もの報いを受け、のちの世では永遠の生命を受ける。（ルカ18章29—30節）

さて、話をもどす。イエスがヨルダン川から上がったとき、「霊」が鳩のようにイエスの上に降ってきたという記述。

　ここに言う「霊」（プネウマ）とは、ヘブライ語の神の「息」（ルアッハ）に通じるギリシア語。もとの意味は、風、息、気、水など、人の目には隠された森羅万象を動かす不思議な〈力〉をさしている。「霊」が人に働くと、人は超能力を発揮し、奇跡を起こす人となる。「霊」はしばしば水にも作用し、水は霊水となって、不思議を起こす。病人は癒《いや》され、悪霊から解放される。そのような不思議が、バプテスマを受けたイエスにも起こったのだ。そのことをマルコ記者は、「聖なる霊が鳩のようにイエスの上に降ってきた」と書いたのである。

　それが、イエスにとって、亡国の民イスラエルを救うメシヤとしての目覚めであったか。それとも、強大なローマ帝国の権力にたいして、自ら引き受けねばならない反逆者の運命の予感であったか。

　いずれにせよ、マルコ記者は、ヨルダン川の出来事の中に、ベツレヘムのイエスとは違う、もうひとりのイエスの誕生を見ていたのだ。ここに、ルカ記者ともマタイ記者とも違うマルコ記者独自の誕生物語がある。

3 荒野《あらの》の誘惑

（マタイ4章1―11節、マルコ1章12―13節、ルカ4章1―13節）

イエスは、水の中から上がると、群衆から離れ、荒野に向かって消えていった、と記者たちは書いている。たったひとりの洞窟苦行を開始するためである。それは、四十日四十夜の断食であり、夜を徹した修行であったと言うのだが、もしもそうだとすると、荒野のイエスは、ほぼ完全に、放浪の預言者バプテスマのヨハネ像とひとつに重なる。ヨハネの影響は、ことのほか濃厚と言うべきである。

それにしても、いったい何が彼らを駆り立てて、荒野の真っ只中に分け入るようにうながしたのか。荒野とは、旧約聖書によれば、神の呪いが、大地においてあからさまになった状態をさす言葉である。神も人間もいない、二重の不在の空間。そこで彼らが見たものは、何であったか。

マタイ、ルカ記者が描いた荒野のイエスの物語は、悪魔《サタン》との闘争一色に塗りつぶされている。四十日四十夜の断食がはじまる。すると、ただちに、棄てたはずの家、家族、この世への未練、執着が一度に火をふいて、イエスの心をずたずたにした。神も人間も不在の荒野は、まさに悪魔の跳梁《ちょうりょう》する舞台である。悪魔はさ

▲荒野のキリスト　イワン・クラムスコイ（1837～87）1872年　モスクワ、トレチャコフ美術館
荒野で苦行するイエス。クラムスコイは、1870年に美術アカデミーの保守性を糾弾し移動美術展協会を創立、19世紀後半のロシアの民主的芸術運動を指導した雑階級出身の画家・美術評論家。荒涼とした岩場に腰をおろし、手を堅く握りしめ思索する孤独なイエスの姿は、複雑な社会情勢下に民衆の側に立つ芸術を希求し、苦悩するロシアの進歩的知識人の精神的肖像であった。

▼キリストの試練　LCzのマイスター（1480～1500頃活動）1500年頃　ウィーン、アルベルティーナ版画素描館
躰の各部に奇怪な顔を生やしたグロテスクな悪魔が、足もとの石を指さしつつイエスと対峙し、背景右側奥には聖都の神殿における誘惑、左側奥には山頂における誘惑の場面が小さく描かれている。LCzのマイスターは、15世紀後半に南ドイツでエングレーヴィング制作を行った傑出した逸名版画家。

まざまな形の誘惑に姿をかえて、イエスの前にあらわれた。夜を徹した闘争が、イエスの心をくたくたにした。飢餓と疲労のあまり、死んだように倒れているイエスの耳もとで、誘惑者は囁《ささや》いた。

もし、神の子なら、これらの石がパンになるように命じたらどうだ……。

イエスは答えて言った。

人はパンのみによりて生くるに非《あら》ず。

それから誘惑者は、イエスを聖なる都に連れて行き、神殿の端に立たせて言った。

神の子なら、飛び降りてみるがよい。神は、天使に命じて、手で支えてくれるだろう。

イエスは言った。

聖書には、神を試してはならないと書いてある。

それからまた誘惑者は、イエスを高い山に連れて行き、この世のすべての国々とその栄華とを見せて、囁いた。

もし、わたしをひれ伏して拝むなら、これらをすべて進ぜよう……。

来る日も来る日も闘争はつづき、イエスは誘惑と闘う人間に変化してゆく。囁く者は、いまや彼の目の前に、はっきりその正体をあらわにした。それは欲望と

▲山頂でのキリストの試練　（《マエスタ》プレデッラ裏面）　ドゥッチョ・ディ・ブオニンセーニャ（1250年代〜1318/19）　1311年　ニューヨーク、フリック・コレクション
シエナ大聖堂の主祭壇のために制作された中世最大の祭壇画《マエスタ》の裏面を構成するパネルの1枚で、山頂で悪魔の誘惑を退けるイエスを描いている。地上の全ての国々とその栄華は、堅固な城壁で護られた繊細な建築群として示され、右側にはイエスに仕えるために現れた天使の姿もみえる。ドゥッチョは、イタリア・ルネサンス美術の先駆者の一人で、シエナ派の始祖とみなされる画家。

キリストの誘惑　（『ベリー公のいとも豪華なる時禱書』より）ランブール兄弟（15世紀初頭に活動）　1413〜16年　フランス、シャンティイ、コンデ美術館
悪魔が、イエスを高い山に運び世界の全ての国々の繁栄ぶりを見せている。ポール、ヘルマン、ジャンの三人からなるランブール兄弟は、ゴシック末期のフランスにおける最大の芸術パトロン、ベリー公ジャンに仕えた写本画家。代表作『ベリー公のいとも豪華なる時禱書』は写本芸術の最高峰とされる。

荒野で天使たちの奉仕を受けるキリスト　ルドヴィコ・カラッチ（1555〜1619）1608〜10年頃　ベルリン、国立絵画館
天使たちの奉仕を受けるイエス。イエスの視線の先には、黒雲に紛れて退散する悪魔が描かれている。ルドヴィコ・カラッチはイタリアの初期バロック絵画を主導したボローニア派の中心的な画家の一人。安定した構図の中に描かれたイエスと天使たちの優美で親密な情景は、鑑賞者の心に訴える宗教画を模索した対抗宗教改革期のカトリック美術の精神を伝えている。

いう名の自己自身の内部に棲む悪魔であった。その悪魔に向かって、イエスは言った。

サタンよ、退《しりぞ》け。
わたしは、お前を拝まない。
主なる神のほか、わたしはいかなる神にも仕えない。

無人の荒野は、悪魔の退散《たいさん》によって、その均衡《きんこう》が破られた。悪魔がイエスから離れると、天使たちが来てイエスに仕えた、と記者たちはしるしている。

イエスは、勝ったのだ。もっとも困難な自己自身の欲望との闘争に勝ったのだ。

ヨルダン川で、鳩のようにイエスにくだった聖霊《プネウマ》が、イエスの勝利の原動力だったに違いない。

バプテスマ(Baptism)

原語は、ギリシア語で、「水に浸《ひた》す」という意味の動詞「バプテイン」(baptein)からつくられた言葉。水にからだを浸し、洗うことをとおして、罪や汚れを清め、新しい生活をはじめること、そして信者の仲間入りをすることの二つが意味されている。

古代ユダヤ教に、このようなバプテスマの儀礼がおこなわれていたかどうか、学問上、議論のわかれるところだが、少なくともヨハネの活躍した一世紀のパレスティナにおいてはすでにおこなわれていたとみられる。「死《し》海文書《かいぶんしょ》」の発見で、一躍有名になった死海西岸のクムラン洞窟の信者集団は、ユダヤ教の一派であるが、さかんにバプテスマをおこなっていたことが、発見された記録から確認されるからである。

彼らは、バプテスマを、せまりくる神の最後の審判にたいする備えとしてとらえ、あらかじめ「水」に浸されることによって、神のおそるべき「火」の投下から逃れることができると考えていた。「水」の魔術的な力にたいする信仰と、水をとおして示される神の不思議な力への願望とがひとつになって、このような儀礼が生みだされたのであろう。

イエスについて言えば、彼は洗礼者のヨハネからバプテスマを受けたが、彼自身が、人びとにバプテスマを授けたという記録はない。キリスト教のバプテスマは、イエスの死後、新たに組織された信徒たちの共同体によって独自に採用され、やがて共同体への入会式に不可欠な儀礼として継承《けいしょう》されてきたのである。

▲**ヘロデの宴**　（《洗礼者ヨハネ伝》）　フィリッポ・リッピ（1406頃～69）　1452～64年　プラート、プラート大聖堂　内陣壁画
中央の食卓についたヘロデ王と王妃ヘロディアの前で踊るサロメ、画面左側にヨハネの首を受け取るサロメ、画面右側に首を盆に載せ王妃に捧げるサロメの三つの場面が、同一の消失点を持つ画面の中に描かれている。古代の躍動的な女性像に起源を持つとされる踊るサロメの造形は、その愁いを帯びた表情とともに、弟子として壁画制作に参加したボッティチェリの女性像へと受け継がれていった。

▼**ヘロデ王の前へ出頭するヨハネ**　1210年頃　スイス、ローザンヌ、旧司教区歴史博物館
ローザンヌ大聖堂の南バラ窓に再利用されていた《洗礼者ヨハネの生涯》のステンドグラスの一場面。13世紀初頭にローヌ河流域地方で制作されたと考えられている。

4 ヨハネの死

（マタイ14章1―12節、ルカ9章7―9節、マルコ6章14―29節）

バプテスマのヨハネは、その後まもなくガリラヤの領主ヘロデ・アンティパス（ヘロデ大王の子。大王没後の紀元前四年、ガリラヤの領主となり、紀元後三九年没。イエスに狐と呼ばれた）によって逮捕され、投獄された。

古代ユダヤの歴史家ヨセフス（紀元三七―一〇〇年ごろ）の『ユダヤ古代誌』は次のように伝えている。

「ヘロデ・アンティパスは、人びとにたいするヨハネの絶大な影響力が、何らかの騒乱を引き起こすのではないかと警戒した。そこでヘロデは、実際に革命が起こって窮地に陥り、そのときになって臍《ほぞ》をかむよりは、先手を打って、彼を殺害する方が得策であると考えた……」（『ユダヤ古代誌』18章118―119節）。

ヨハネの罪状は反逆罪。マカイルスの砦《とりで》に投獄のあと、その地で処刑されたとヨセフスは伝えている。死海東方の、ヨルダン川を見下ろす、切り立った谷の断崖である。

ヘロデ・アンティパスは、ヨハネの処刑後、風の噂にイエスの評判を耳にしたとき、家来たちにこう語った、と記者たちは書きとめた。

あれは洗礼者ヨハネだ。ヨハネが死者の中から生き返ったのだ。

なぜにヘロデがヨハネを憎み、執拗にヨハネを怖れつづけるのか。記者たちの証言によると、ヘロデ・アンティパスが、自分の弟の妻ヘロディアの色香に迷い、ヘロディアを誘惑して強引に結婚したことをヨハネが糾弾《きゅうだん》し、弾劾《だんがい》したことがその最大の理由であった、という。

ヘロデはヨハネを恨み、牢獄に押しこめたが、さすがにためらうものがあり、手を下すことができずにいた。ところが、またとない好機が、あるとき偶然のようにやってきた。

ヘロデの誕生日の祝宴の席であった。ヘロデの高官や将校、ガリラヤの有力者が宴席についていた。その席でヘロディアの娘サロメ（記者は名前を特定しないが、ヘロディアの娘サロメが有力。史料としては『ユダヤ古代誌』のサロメ実録）が舞を舞い、居並ぶ客人の

出現　ギュスターヴ・モロー（1826～98）1876年　パリ、ルーヴル美術館
舞うサロメの前に突如出現するヨハネの首は、彼の斬首の運命を告げている。王妃のメッセンジャーに過ぎなかったサロメは、モローによって「ファム・ファタル（男性を破滅に導く宿命の女）」へ変貌し、その新しい女性像は世紀末芸術において大流行した。

▲洗礼者ヨハネの骨の焼却
ヘールトヘン・トット・シント・ヤンス（1460頃〜85/95）1484年以降　ウィーン、美術史美術館
オランダ西部のハールレムで活躍した画家ヘールトヘンによって、同地の聖ヨハネ騎士団礼拝堂のために制作された三連祭壇画の右翼の裏面。洗礼者崇拝を止めさせるためローマ皇帝ユリアヌスによって掘り出され、焼却され、風に吹き散らされたヨハネの骨の伝説が異時同図表現で示されている。

▶洗礼者ヨハネの殉教
（《洗礼者ヨハネ祭壇画》右翼）　ロヒール・ファン・デル・ウェイデン　1450年代　ベルリン、国立絵画館
前景に処刑場面と顔を物憂げに背け、盆に首を受けるサロメ、奥に王妃に首を渡すサロメ、上方のアーチにはヨハネ処刑の経緯が彫刻装飾のように描かれている。処刑人の近くの窓には、涙を拭いながら遺体を見守る人が小さく添えられ、凄惨な美しさを湛えた画面に感傷性を加味している。

大喝采《だいかっさい》を博したのだ。ヘロデは、いかにも感に耐えぬように言った。以下、マルコ記者の記述を引用しよう。（マルコ6章22—29節）

そこでヘロデは、娘に誓って言った。

「欲しいものがあれば何でも言うがよい。お前が願うならこの国の半分でもやろう」

娘が席を外して、母親のヘロディアに「何を願いましょうか」と言うと、母親は、「洗礼者ヨハネの首を」と言った。

そこで娘は大急ぎで王のところにゆき、「今すぐに洗礼者ヨハネの首を盆に載せて、いただきとうございます」と願った。

このとき、さすがにヘロデはためらった、とマルコ記者は書いている。だが、大勢の客の見ている前である。いまさら前言《ぜんげん》を取り消すわけにはいかなかった、とマルコは言う。

王は衛兵を遣わし、ヨハネの首を持ってくるように命じた。衛兵は出て行き、牢の中でヨハネの首をはね、盆に載せて持ってきて娘に渡した。

娘は、それを母ヘロディアに渡した。

ヨハネの弟子たちはこのことを聞き、やって来て遺体を引き取り、墓に納めた。

「クムラン洞窟」・「エッセネ派」

「死海文書」の発見（一九四七年、ベトウィンの一少年によって、クムラン洞窟で発見された最古の旧約聖書テキスト写本を含む文書）によって、ユダヤ教の一分派のエッセネ派にかなり近いと目されるクムラン教団が、死海西北岸に存在し、いわゆる「死海文書」の宗規律にしたがい、洗礼と聖餐を守り、厳格な禁欲生活に徹した共同体を形成していたことが明らかにされ、しかも注目すべきことには、マルコ福音書の冒頭にイエスの先駆者として登場するバプテスマのヨハネが、これと何らかのかかわりをもっていたことが想定されるに及んで、こうした研究に拍車がかけられた。

たしかに、福音書に映しだされたバプテスマのヨハネには、クムラン共同体の禁欲的で、この世の終わりの間近な到来を確信する終末論的信仰が色濃く投影されている。それだけではない。ヨハネの活動の舞台となった「荒野」、すなわちヨルダン川周辺は、クムラン教団の存在した死海西北岸に地理的にも接近している。両者のかかわりは、ことのほか近いとみられるべき十分な理由がある。

こうしたヨハネとクムラン共同体との関連の想定は、イエスの出現がヨハネによって準備されたという福音書記者マルコの証言と重なって重要性を増幅《ぞうふく》する。イエスの声には、悔い改めを求めて荒野に呼ばわる預言者ヨハネの声の残響《ざんきょう》がある。

こうみてくると、ユダヤ教からキリスト教への複雑な移行過程は、ひとつの図式によって示される。それは、預言者イザヤ（第二イザヤ）の後期ユダヤ教→エッセネ派→クムラン

クラムン洞窟　茶色い岩壁に洞窟が散見される。クムラン洞窟は、エルサレムから東へ20数km下った死海北西部のクムラン谷に位置している。1956年まで続けられたクムラン谷の調査によって、合計11の洞窟から主に羊皮紙にヘブライ語で書かれた聖書その他の巻物――「死海文書」が大量に発見された。「死海文書」は、洞窟近くで共同体を営んだクムラン教団の蔵書の遺物であり、紀元前2世紀から後2世紀にかけて、土器に入れられ洞窟内に隠されたとみなされている。撮影、滝口鉄夫氏。

共同体↓洗礼派のヨハネへとその輪を小さくし、ついにナザレのイエスに収斂《しゅうれん》する図式である。

ところで、この図式には致命的弱点がひとつある。それは最後の鍵をにぎるイエスとヨハネの関係が、不確かで、あいまいなままにとどまっているからである。たしかにイエスがヨハネ集団に限りなく近いところにいたことは史実とみて間違いないし、ヨハネ逮捕後、イエスがただちに着手した神の国運動が、ヨハネ集団と地理的に接近した地点で開始されたことも疑い得ない事実である。ここまでは問題がない。しかしそれは、マルコ記者の証言によると、イエスの活動の出発点においてそうであったというだけで、その後のかかわりは分からない。むしろイエスは、洗礼派ヨハネの集団から、意図的に絶縁していた公算が強い。福音書に描きだされたその後のイエスに、ヨハネの似姿を求めることはむずかしい。

ヨハネは、らくだの毛ごろもを身にまとい、腰には革の帯をしめ、いなごと野蜜を食物として荒野に叫んでいた。彼は罪のゆるしのバプテスマを宣べ伝えていたのである。イエスはどうであったか。イエスの神の国運動の第一声には、たしかにヨハネの叫びの響きがある。しかしイエスは、ヨハネと違って〈荒野〉から〈町〉へ向かった。そこには貧困に苦しむ多くの民衆、病気に打ちひしがれた者、らい病人、足なえ、罪ある女……がいた。イエスはいう。「丈夫な人には医者はいらない。いるのは病人である。わたしがきたのは、義人を招くためではなく、罪人を招くためである」(マルコ2章17節)。イエスは社会の底辺の貧しい民衆と交わり、彼らと食事を共にし、彼らを癒すことに全力で立ち向かった。救われるためには何を棄てねばならないか。そのために、野の花、空の鳥をみるがよいと説いたのだ。ヨハネにはそれがない。ヨハネのバプテスマ運動とイエスの神の国運動とのひらきは、もはや決定的である。

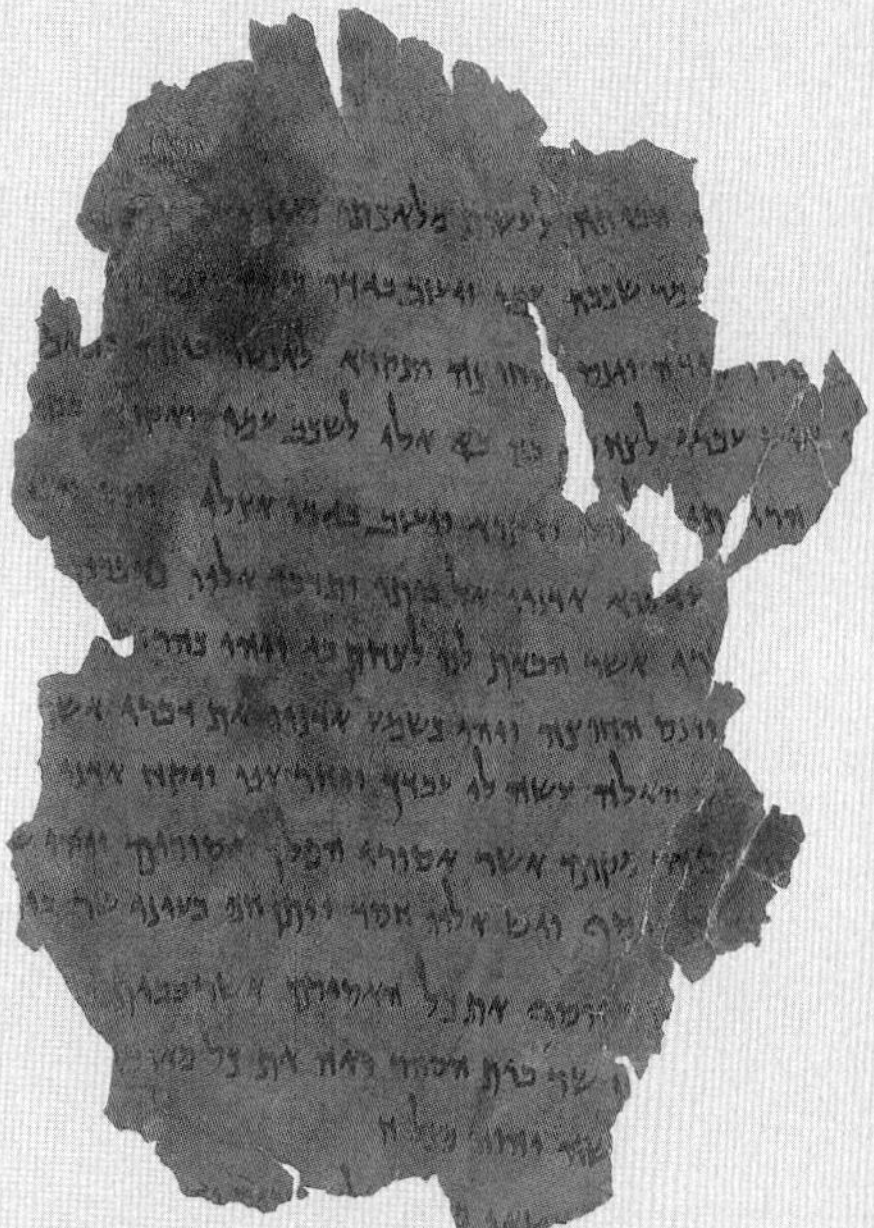

創世記—出エジプト記(死海写本)　紀元前125〜100年頃
イスラエル考古局
最古の創世記断片であり、創世記と出エジプト記が記載されている写本の一部をなす。クムラン第4洞窟出土。

エレミヤ書(死海写本)
紀元前2世紀前半　イスラエル考古局
テキストはエレミヤ書43章2〜10節に該当する。クムラン第4洞窟出土。

●第四章

神の国運動の開始

1　イエスの宣教《せんきょう》

（マルコ1章14―15節、マタイ4章12―17節、ルカ4章14―15節）

マルコ記者の描くイエスの神の国運動の第一景。

ふたりの漁師が、湖の岸辺で網を打っている。ヨルダン川がガリラヤ湖にそそぐあたり。ヨルダン渓谷の荒々しい岩山砂漠にくらべると、このあたりはまるで別世界のような緑したたる光景である。岸辺に寄せるさざ波、小鳥のさえずり、木々の枝をわたる風のそよぎ。

イエスは、しばらく前から足をとめて、ふたりの漁師をじっと眺めていた。が、ふと近寄ると、何事か声をかけている様子である。

マルコ記者によると、イエスは、ヨハネ逮捕のあとにガリラヤに来たというのだが、なぜ荒野からガリラヤに移動したのか。

マタイ記者は、この辺の事情を解説して、イエスはヨハネ逮捕のあと、ガリラ

ペテロの召命　5世紀末〜6世紀初頭　イタリア、ラヴェンナ、サンタポリナーレ・ヌオヴォ聖堂　身廊側壁モザイク
右手を挙げて漁師たちに話しかけようとするイエス。ガリラヤ湖に浮かぶ船の中では、年長のペテロが網を引き上げ、アンデレが櫂を操っている。サンタポリナーレ・ヌオヴォ聖堂は、5〜6世紀にラヴェンナを首都としてイタリア半島を支配したゲルマン人、東ゴート族の王テオドリクスが建て、キリストに捧げた宮殿付属聖堂。聖堂の身廊上部の側壁は全面モザイクで覆われ、最上段に並ぶ26のキリスト伝の図像は、聖堂装飾として現存する最古の福音書の長いサイクル場面。

ヤに退《しりぞ》いたのだと書いている（マタイ4章12節）。「退く」の原語は、ギリシア語の「アナコレオ」（anachoreo）で、これは隠遁者（anachoret）に通じる言葉であるから、背後に何かがあったことを、マタイ記者は言外に示唆しているとも言えそうだ。

それはイエスがヨハネ運動から、意図的に転身しようとしたのか。つまりヨハネ集団からの離脱によって、自分とヨハネとの間に、明確な一線を引こうとしたのか。それとも、ヨハネ運動の挫折を目のあたりにしたイエスが、自らすすんでヨハネ運動の継承者であろうと決意し砂漠に身を隠そうとしたのか。これ以上のことはわからない。ただ、イエスの運動が、荒野ではなく、ガリラヤを舞台に開始されたこと、しかも神の国運動として開始されたことが、注目をひく。社会全体が解体しつつある予感の中で、イエスは語った。マルコ記者は、それを簡潔にこう書いている。

ヨハネが捕らえられたのち、イエスはガリラヤに行き、神の福音を宣《の》べ伝えて言われた。

「時は満ちた、神の国は近づいた。悔い改めて福音を信ぜよ」（マルコ1章14節）

ペテロとアンデレの召命　ギルランダイオ　1481〜82年　ヴァティカーノ宮システィーナ礼拝堂　側壁壁画
ギルランダイオは、1481〜82年にかけてシスティーナ礼拝堂のフレスコ画装飾に携わった。画面は、礼拝堂の右側壁を飾る《キリスト伝》の三番目の場面で、のびやかに広がる湖畔の風景の向かって左側の岸辺にはペテロとアンデレの召命が、前景中央にイエスが彼らを使徒として公認する場面が、さらに右側遠景に二人を連れてヤコブと弟のヨハネを召命する場面が描かれている。

2 最初の弟子たち

（マルコ1章16―20節、マタイ4章18―22節、ルカ5章1―11節）

ところで、ふたりの漁師というのは、ガリラヤ湖岸の漁村ベッサイダに住む兄弟、シモンとアンデレである。（ヨハネ1章40―44節）

イエスは、近づいて来て言った。

わたしについて来なさい。あなたがたを、人間をとる漁師にしてあげよう。

すると、ふたりはその場で網を捨て、そのままイエスに従った。イエスの神の国運動にたいする民衆側の最初の反応である。

話は、まだつづいている。そこからまた少し行くと、漁師たちが舟の中で網をつくろっていた。ゼベダイの子ヤコブとその兄弟ヨハネであった。イエスは、彼らにも声をかけて、自分について来るようにと言った。すると、彼らはただちに網を捨てて、イエスのあとに従った。ほんとうに、ただちにだったのだ。父ゼベダイを雇い人たちといっしょに、舟の中に残したままなのだから。

記者たちは、イエスの神の国運動の記念すべき出発を、この象徴的な二枚つづきの絵の中に、すべて描きつくしている。イエスに従うということは、そもそもどのようなことであったのか。次の三つの条件を一度に満たすことである、と言うかのようにである。

1．故郷を離れ遍歴の旅にでること。**「狐には穴があり、空の鳥には巣がある。しかし、人の子には枕するところもない」**（マタイ8章20節）

2．すべての所有を捨て、無一物となること。**「天に宝を積め」**（マタイ6章20節）、**「神と富とに兼ね仕えることはできない」**（ルカ16章13節）

3．家族関係を断ち切ること。**「誰でも、父、母、妻、子、兄弟、姉妹、さらには自分の生命までも捨てて、私のもとに来るのでなければ、私の弟子となることはできない」**（ルカ14章26節）

このような結果として、弟子たちは、貧困と明日への不安から解放された。**「明日のことを思い煩《わずら》うな。明日は、明日自身が思い煩うであろう」**（マタイ6章34節）

村から村へ、イエスと弟子たちとの遍歴の旅がはじまる。ここには故郷を棄て、一切の所有を棄て、金銭からも、家族からも、自由に解き放たれ、鳥のように漂泊する人びとがいる。イエス自身、すべてを捨てて、この運動に自己を投入したのである。（ルカ8章19―21節）

▼マタイの召命　カラヴァッジョ（1571～1610）1598～1601年頃　ローマ、サン・ルィージ・ディ・フランチェージ聖堂コンタレッリ礼拝堂
漆黒の闇の中から、腕を伸ばして取税人マタイ（レビ）を招くイエスとペテロ。日常の中に突如として知覚される神との出会いを、カラヴァッジョは闇に射す一条の光として劇的に描き出した。

▲奇跡の漁り　1200年頃 イギリス、カンタベリー大聖堂　内陣北側廊ステンドグラス
ルカによる福音書では、ペテロとアンデレ、ヤコブとヨハネの召命は、ガリラヤ湖に漕ぎ出した彼らがイエスの言葉のままに網を打ち、船が沈みそうになるほど夥しい魚を引き上げたことに始まる。

ガリラヤ湖　ガリラヤ湖は、南北20km、東西の最大幅12kmからなる淡水湖。魚の豊富な穏やかな湖だが、冬の夕方には東から突風が吹き荒れ高波が立つことがある。撮影、滝口鉄夫氏。

3 ガリラヤの状況

地図を見るとすぐわかる。ガリラヤはユダヤの中心都市エルサレムからサマリアを隔てた遠い彼方の僻地である。古代イスラエルの歴史をとおして、ガリラヤはついに一度もイスラエルの政治・文化の中枢に組み込まれることなどないままに、「ゲリル・ハ・ゴイム」（異邦人の地域）と呼ばれ、辺境の地として貶《おとし》められてきた。北はシリア、フェニキアに接し、東はヨルダンやダマスカスと境を接し、さまざまな諸民族の混住する文化的混淆《こんこう》地帯であったのだ。ヨセフもマリアも、そのような地域に住むユダヤ人であり、イエスもガリラヤのナザレびととして成人した。イエスの宣教活動も、そのほとんどは、ガリラヤ湖の北西部を中心とする地域に制限されている。その三十余年の短い生涯の、死にいたる最後の年月を目前にガリラヤを離れ、エルサレムに向かったことは事実であるが、それは一年のうちの一カ月にも満たない限られた期間である。イエスは、その生涯の大部分をガリラヤですごしたのだ。

　ところでそのガリラヤであるが、そのころ、ガリラヤはローマ帝国の植民地として、ローマの属州シリアから、ヘロデ王の統治下に移しかえられていた（紀元前三七年）。

　ヘロデ王は、ローマ皇帝アウグストゥスに仕えるイドマヤ出身の半ユダヤ人。辣腕《らつわん》をふるって皇帝にとり入り、最後はガリラヤの王に成り上がる。もちろん、ローマ帝国の植民地であり、ヘロデはその傀儡《かいらい》にすぎなかったから、過酷な税金をとりたて、ユダヤ民衆を塗炭《とたん》の苦しみに追い込んだ。重い負債をかかえた農民は、土地を収奪され、たちまち小作人に転落し、最後は一家離散のホームレスに落ちてゆく。飢餓と貧困と病気が蔓延《まんえん》し、農民は明日の不安に追いつめられていた。

　ヘロデ王の統治は、三十四年間（前三七—四年）つづいたが、その歴史は民衆への抑圧と反抗する者にたいする冷酷な報復によって血塗られている。状況は、ヘロデ没後、ガリラヤの領主となった息子のヘロデ・アンティパスの代になっても変らない。

　まさに、こうした絶望の中で、人びとは荒野に叫ぶバプテスマのヨハネの声を聞いたのだ。メシヤの到来を告げる預言の声を聞いたのだ。だが、間もなくヨハネは逮捕され、メシヤ運動は壊滅する。いったい、どうすればよいのか。

このような状況では、神の国の到来を告げるいかなる運動も、もしもそれが貧困や飢餓や病気からの解放とかかわりをもたないなら、民衆はだれひとり振り向くことさえないだろう。イエスの神の国運動はこのような中で開始され、人びとはイエスの言葉に、それなしには生き難い人間実存にとって根源的な、希望の原理を見たのである。

だが、同時にこのことが、現体制の維持を画策する「パリサイ派」や「サドカイ派」と呼ばれる律法学者や貴族・祭司階級や大土地所有者の激しい反感と憎悪を招いたのだ。これについては5章においてふれる。

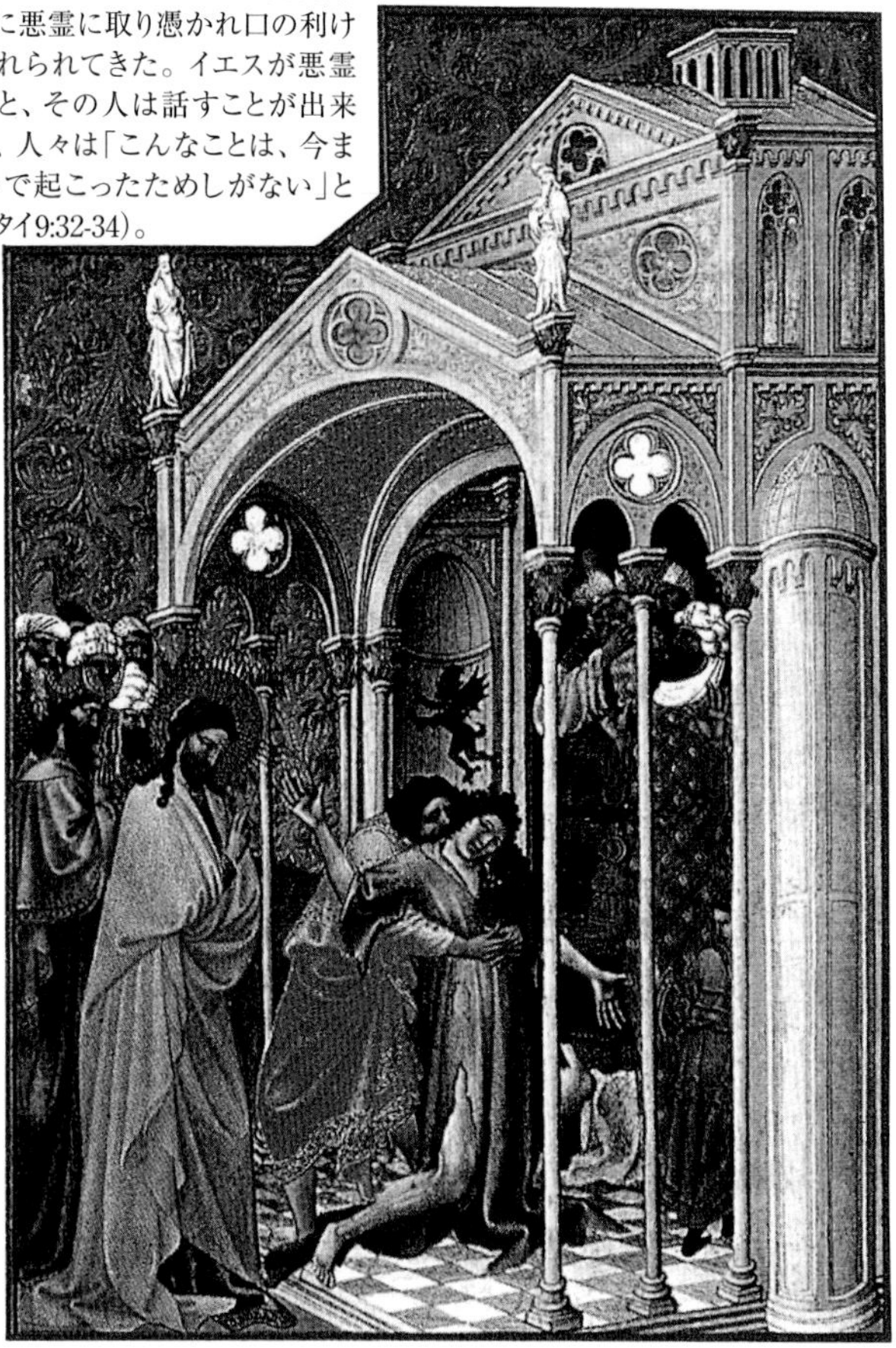

悪霊祓い（『ベリー公のいとも豪華なる時禱書』より） ランブール兄弟 1413〜16年 フランス、シャンティイ、コンデ美術館
イエスのもとに悪霊に取り憑かれ口の利けない人が連れられてきた。イエスが悪霊を追い出すと、その人は話すことが出来るようになり、人々は「こんなことは、今までイスラエルで起こったためしがない」と驚嘆した（マタイ9:32-34）。

4 遍歴《へんれき》の旅

（マルコ1章14節以下、マタイ4章12節以下、ルカ4章14節以下）

イエスの神の国運動が、どのような仕方で人びとのあいだにひろまり、拡大していったか。村から村へ、町から町へ、イエスと弟子たちとの遍歴の旅は、またたく間に驚きの波紋となって人びとの魂をとらえ、やがて、ユダヤ全土にひろまっていった、と福音書記者たちは書いている。

いったい、何が驚きであったのか。驚きは、イエスが語る神の国到来の予言だったのだろうか。いや、それだけではない。もしもそのことだけなら、バプテスマのヨハネと、少しも違ってはいなかったのだ。記者たちの証言によるとこうだ。

イエスが驚きであったのは、神の国の教えの内容ではなく、彼が人びとの前に、待望のメシヤとして、救い主キリストとして立ち、そして現に今語っている、というその事実であった、と。イエスの数々の不思議を、人びとは目のあたりに見たのである。そのことが人びとをとらえ、人びとの心を驚きで一杯にしたのだ、と。それが、どのような不思議であり、

ペテロの姑の治癒
1310〜20年代初頭
ギリシア、ミストラス、アフェンディコ聖堂（パナギア・オディギトリア）　ナルテクス・フレスコ
イエスは長椅子に横たわるペテロの姑の手を取り、二人の間でペテロが心配そうな面持ちで見守っている。アフェンディコ聖堂の《盲人の治癒》（2頁）の向かって右側に連続して描かれたイエスの奇跡物語。撮影、赤松章氏。

驚きであったか。しばらく、記者たちの証言に耳を傾けることにしよう。

一行は、カファルナウムに着いた。イエスは安息日に会堂に入って教えはじめられた。……中略……そのとき、この会堂に汚《けが》れた霊《れい》にとりつかれた男がいて叫んだ。

「ナザレのイエス、かまわないでくれ。我々を滅ぼしに来たのか。正体はわかっている。神の聖者だ」。イエスが、「黙れ。この人から出て行け」とお叱りになると、汚れた霊は、その人にけいれんを起こさせ、大声をあげて出て行った。人々は皆驚いて、論じ合った。「これはいったい、どういうことなのだ。権威ある新しい教えだ。この人が汚れた霊に命じると、その言うことを聴く」。イエスの評判は、たちまちガリラヤ地方の隅々にまで広まった。（マルコ1章21—28節、ルカ4章31—37節）

夕方になって日が沈むと、人びとは病人や悪霊《あくれい》にとりつかれた者を皆、イエスのもとへ連れて来た。町中の人が、戸口に集まった。イエスは、いろいろな病気にかかっている大勢の人たちを癒《いや》し、また多くの悪霊を追い出して、悪霊にものを言うことをお許しにならなかった。悪霊はイエスを知っていたからである。（マルコ1章31—33節、マタイ8章14—17節、ルカ4章38—41節）

朝早くまだ暗いうちに、イエスは起きて、人里離れたところへ出て行き、そこで祈っておられた。シモンとその仲間はイエスのあとを追い、見つけると、「みんなが捜しています」と言った。イエスは言われた。「近くのほかの町や村へ行こう。そこでも、わたしは宣教する。そのためにわたしは出てきたのである」。そして、ガリラヤ中の会堂に行き、宣教し、悪霊を追い出された。（マルコ1章35—38節、ルカ4章42—44節）

マルタとマリアの家のキリスト　ティントレット
1567年頃　ミュンヘン、アルテ・ピナコテーク
イエスと弟子たちを迎え、召使いを率いて食事の支度を行うマルタが、イエスの足もとで、その言葉に聞き入るマリアを大仰な身振りで指し示している。日常的な情景ながら、緑褐色の衣装のマルタと宝石を身につけ鮮やかな衣装を纏ったマリアの描写は、姉妹の対照性を強調しているようだ。マルタとマリアは、それぞれ「実践的な人生」と「瞑想的な人生」という人間の生き方の典型として、16～17世紀にかけて多く描かれた。

5 支持者たちとの絆《きずな》

イエスの運動は、村から村へ、町から町への、一所不定の遍歴の旅。イエスは言った。

狐には穴があり、空の鳥には巣がある。しかし、人の子には枕するところもない。

だが、イエスの運動を村から村へ、町から町への旅としてだけとらえるとすれば、それは大きな誤解を招くことになる。なぜなら、イエスの運動を背後で支えた人びとが、いたのだから。そのような人びとの支持なしに、イエスと弟子たちのほとんど裸同然の、無一物無所有の旅は不可能であったのだ。イエスと弟子たちが、旅行く先の村々で、どのような仕方で迎えられ、食べ物にあずかり、一夜の宿を与えられたか。記者たちの記録から、その原初の姿をさぐりだしてみよう。

たとえば、マルコ記者の描くイエスの神の国運動の第一景につづくシモンのしゅうとめの家の場面。シモンとアンデレは、イエスの最初の弟子である。

一行は会堂を出て、シモンとアンデレの家に行った。ヤコブとヨハネもいっしょであった。シモンのしゅうとめが熱を出して寝ていたので、人びとは早速、彼女のことをイエスに話した。イエスがそばに行き、手を取って起こされると、熱は去り、彼女は一同をもてなした。（マルコ1章29―31節）

同じ話は、マタイ（8章14節以下）、ルカ（4章38―41節以下）にも見られる。シモン・ペテロのしゅうとめが、一同をも

マルタとマリアの家のキリスト
ピーテル・アールツェン（1508〜75）　1552年　ウィーン、美術史美術館
16世紀後半のフランドルでは様々な食材の描かれた厨房図が流行した。画面にはしばしば小さな宗教図像が組み込まれ、その主題は「マルタとマリアの家のキリスト」など俗なる世界と聖なる世界の対立を表し、鑑賞者に二つの世界の選択を迫るものが多かった。アムステルダムとアントウェルペンで活動したアールツェンの画面でも、背景に描かれたマリアとマルタの主題はこの対立を示し、食料や厨房用具など山と積まれた圧倒的な俗世の事物がこの選択の困難さを強調している。

てなしたという文末のさりげない記述に、実は謎を解く鍵が隠されている。「もてなす」（ギリシア語は、動詞「デイアコネオ」）とは、ここでは夕食の給仕をしたというほどの意味であり、そのことによって彼女の病気が全快したことを強調する言葉として使われている。だが、同時に、イエスと弟子たちが、ともに食事にあずかり、一夜の宿を共にする場面が描かれている、とみることもできるのだ。

次は、ルカ記者の記述するマリアとマルタの家の場面。

一行が歩いて行くうちに、イエスはある村にお入りになった。すると、マルタという女が、イエスを家に迎え入れた。彼女にはマリアという姉妹がいた。マリアは主の足もとに座って、その話に聞き入っていた。マルタは、いろいろのもてなしのため、せわしく立ち働いていたが、そばに近寄って言った。「主よ、わたしの姉妹はわたしだけにもてなしをさせていますが、何ともお思いになりませんか。手伝ってくれるようにおっしゃってください……」（ルカ10章38節以下）。

ここに言うマルタの「もてなし」も、ギリシア語原文では、「デイアコネオ」の名詞形「デイアコニア」。ここでもやはり、食事の給仕というほどの意味である。それが女性の仕事として、マルタとマリアに均等に負わされていたのであろうが、マリアがそれを無視したため、一方的にマルタにだけ負担がかかってきたことに、彼女は不平を鳴らしたのだ。マルタだって、イエスのそばで、イエスの語る言葉を聞きたかった。というよりも、それほどに、食事のもてなしは、片手間にはむずかしかったのであろう。イエス運動は、こうした女性の自発的な「もてなし」に支えられていたことがわかる。それは一宿一飯の「もてなし」に通ずる。

次は、マルコ記者の記録するベタニアのシモンの家の場面。

イエスがベタニアのらい病人シモンの家で、食事の席に着いておられたとき、ひとりの女が、純粋で非常に高価なナルドの香油の入った石膏の壺《つぼ》を持って来て、それを壊し、香油をイエスの頭にそそぎかけた。（マルコ14章3節）

同様の記述は、マタイ（26章6—13節）やヨハネ（12章1—8節）にもある。ここではっきり、らい病にかかったシモンの家で、食事の席に着いていた時と記されている。もちろん弟子たちもいっしょである。「食事の席に着いていた」は、ギリシア語原文では、「カタケイマイ」(to recline at meals)、すなわち「（食事のために）かがみこむ」動作として表現されている。ここでもイエスは「食事のもてなし」にあずかっている。記録から浮かびあがるのは、イエス運動を支えていたこのような家族ぐるみの支持者たちの奉仕である。

このような人びととの支えによって、イエスと十二人の弟子たちの無一物・無所有の神の国運動は、ガリラヤの村から村へ浸透していったのだ。ルカ記者は、十二人の弟子のほかに、イエスの運動を支えた数人の女性同行者がいたことを書きとめている。

イエスは神の国を宣《の》べ伝え、その福音を告げ知らせながら、町や村を巡って旅をつづけられた。十二人もいっしょだった。悪霊を追い出して病気を癒していただいた何人かの婦人たち、すなわち、七つの悪霊を追い出していただ

パリサイ派のシモンの家のキリスト　ディーリック・バウツ（1415頃～74）　15世紀後半　ベルリン、国立絵画館
ルカによる福音書によれば、イエスはパリサイ派のシモンの家に食事に招かれ、現れた一人の「罪深い女」によって香油を注がれた(7:36-50)。西方教会では、この「罪の女」と「マルタの姉妹マリア」を「マグダラのマリア」と同一視し、悔悛して許された罪人の代表として篤い崇拝を捧げた。バウツは、イエスの足を涙でぬらし、髪で拭い香油を注いだ「罪の女」の物語を、15世紀フランドルの室内の情景として精緻に描いている。魚やパンの並ぶ食卓についているのはイエスの隣からシモン、ペテロ、ヨハネ。右端にはこの絵の寄進者の姿が見える。

いたマグダラの女と呼ばれるマリア、ヘロデの家令クザの妻ヨハナ、それにスサンナ、そのほか多くの婦人たちもいっしょであった。彼女たちは、自分の持ち物を出し合って、一行に奉仕していた。（ルカ8章1―3節）

彼女たちの奉仕とは、何であったか。これもギリシア語原文では「デイアコニア」。婦人たちにとっては、富やぜいたくの代わりに、それぞれが自分の持ち物を出し合う「分かち合い」こそが、デイアコニアではなかったか。このような婦人を含む、それほど多くはない支持者による小さな分かち合いが、イエスの神の国運動を根底において支え、村から村へ、町から町への遍歴の旅を可能にしていた。

こうしたイエス運動への参加をとおして、弟子たちはしだいに、イエスの神の国運動が「無一物の共有」という逆説の実現に向かっていることを知るのである。その根底には、「金銭を愛することはすべての悪の根である」というよく知られた格言も働いていたであろう（テモテへの第一の手紙6章10節）。だが、破滅にさらされ、無一物となった人びとには、富にたいする貪欲こそが、最大の悪と映ったとしても不思議ではない。消え去る富は、悪である。マタイ記者が言うように、ほんとうの富とは、天国にたくわえる宝である。それは虫も食わず、さびもつかず、強盗も盗むことをしないからである。（マタイ6章20節）

仄《ほの》かに見えてくるのは、「一所不住」「無一物の共有」をモットーに、村から村へ遍歴する小さな神の国運動の集団である。

『イエス運動の社会学』（G・タイセン）

ドイツの聖書学者ゲルト・タイセン（一九四三年― ）によると、ガリラヤ湖畔の小さな村や町を起点としたイエス運動は、その最初期においては、たとえどれほどラディカルに見えても、当時、ユダヤ教内部に膨湃《ほうはい》と起こりつつあった革新運動のひとつであったにすぎない、とみる。それはもっぱらユダヤ教内部の、したがってパレスティナ内部の現象にとどまり、ユダヤ体制内革新運動の枠を越え出ることはなかったという。ところがやがて、イエス運動は、こうした枠を逸脱し、独自の理念と運動形態へと発展する。それは全く別の歴史的要因による、とタイセンは指摘する。タイセンによれば、それは紀元七〇年以降、ユダヤ教三派のひとつのパリサイ派が、こうした革新運動の主導権争いに勝利を占めた結果によると言うのだ。そのために、イエス運動は異端の宣告を受けて、正統ユダヤ教から閉め出され、放浪を余儀なくされる。そのような歴史過程としてとらえるのである。

要するに、イエスの神の国運動のラディカルな展開は、端的に言うと、ひとつの逸脱――体制内革新運動の敗北の結果の逸脱とみるのである。だが、すこぶる興味深いのは、こうした逸脱にいたるイエス運動の全過程が、遍歴するカリスマ集団の遊行《ゆぎょう》活動としてとらえられる点にある。

それは、イエスの「言葉」を奉じ、イエスの「名」において病人を癒し、悪霊を追放する不思議な超能力をもった遊行者の集団――脱家庭、脱家族、脱故郷をモットーに、無一物となって遍歴する集団の出現であった。ここにタイセンは、原始キリスト教の成立の最初期の姿をみる。

●第五章

神の国運動の展開

山上の垂訓　クロード・ロラン（1600〜82）　1656年　ニューヨーク、フリック・コレクション

クロード・ロランはマタイの記述に従って、山頂で弟子に語るイエスと、イエスのもとに続々と集まる群衆を、二つの集団に分けて描いた。イエスの座す山塊と木々は巨大なシルエットとなり、こぼれ落ちる光は斜面の小道や山腹の人影を柔らかく照らしている。渺々たる空のもと、澄んだ水色を湛えたガリラヤ湖の風景が遥かに広がっている。クロード・ロランは、歴史に富むローマ近郊の風景を古代の情景として詩的に描き、「理想的風景画」の分野を確立した17世紀フランス絵画を代表する画家の一人。

1　共同体の生活綱《こう》領《りょう》——山上の説教

（マタイ5—7章、ルカ6章20—48節）

ガリラヤで開始されたイエスの神の国運動の噂は、やがてガリラヤを越えてひろまり、イエスの教えと病気なおしの奇跡を求めて、ユダヤの各地から集まる群衆が日を追って増えていったことを、マタイとルカ記者は驚きをもって書いている。実におびただしい群衆が、いろいろな病気や苦しみに悩む者、悪霊にとりつかれた者、てんかん、中風など、あらゆる病人を連れてイエスのもとにやって来たという。ガリラヤを越えて、デカポリス（パレスティナにおけるギリシア植民地、十の町の総称。ひとつを除いて、ヨルダン川東方にある）やエルサレムやユダヤの地から、大勢の群衆がイエスに従ったというのだ。

イエスはこのような群衆を見て、山に登り、腰を下ろして、教えはじめた。弟子たちが、すぐ近くにきて座った。ここから先は、マタイ記者の記録を引用する。

心の貧しい人びとは、幸いである、
天の国はその人たちのものである。

（注「心の貧しい人」という訳語は、謙遜とか経済的な貧困を連想させるが、原語により近く訳せば「プネウマ（命の力）を求めてうずくまる者」の意であり、その意味するところは深く、より根源的である。第六章コラム「風と水とプネウマ」参照）

悲しむ人びとは、幸いである、

その人たちは慰められる。
柔和な人びとは、幸いである、
その人たちは地を受け継ぐ。
義に飢え渇く人びとは、幸いである、
その人たちは満たされる。
憐れみ深い人びとは、幸いである、
その人たちは憐れみを受ける。
心の清い人びとは、幸いである、
その人たちは神を見る。
平和を実現する人びとは、幸いである、
その人たちは神の子と呼ばれる。
義のために迫害される人びとは、幸いである、
天の国はその人たちのものである。

あなたがたは地の塩である。だが塩に塩気がなくなれば、その塩は何によって塩味がつけられよう。もはや、何の役にも立たず、外に投げ捨てられ、人びとに踏みつけられるだけである。あなたがたは世の光である。山の上にある町は、隠れることができない。

わたしが来たのは律法や預言者を廃止するためだ、と思ってはならない。廃止するためではなく、完成するためである。はっきり言っておく。すべてのことが実現し、天地が消えうせるまで、律法の文字から一点一画も消え去ることはない。

あなたがたも聞いているとおり、「姦淫《かんいん》するな」と命じられている。しかし、わたしは言っておく。みだらな思いで他人の妻を見る者はだれでも、すでに心の中でその女を犯したのである。

もし、右の目があなたをつまずかせるなら、えぐり出して捨ててしまいなさい。からだの一部がなくなっても、全身が地獄に投げ込まれない方がましである。

あなたがたも聞いているとおり、「目には目を、歯には歯を」と命じられている。しかし、わたしは言っておく。

悪人に手向かってはならない。だれかがあなたの右の頬を打つなら、左の頬をも向けなさい。あなたを訴えて下着を取ろうとする者には、上着をも取らせなさい。

あなたがたも聞いているとおり、「隣人を愛し、敵を憎め」と命じられている。しかし、わたしは言っておく。敵を愛し、自分を迫害する者のために祈りなさい。父は悪人にも善人にも太陽を昇らせ、正しい者にも正しくない者にも、雨を降らせてくださるからである。

あなたがたは地上に富を積んではならない。そこでは、虫が食ったり、さび付いたりするし、また、盗人《ぬすびと》が忍び込んで盗み出したりする。富は、天に積みなさい。そこでは、虫が食うことも、さび付くこともなく、また盗人が忍び込むことも盗み出すこともない。

何を食べようか、何を飲もうかと、自分の命のことで思いわずらい、何を着ようかと、自分のからだのことで思いわずらうな。

命は食物にまさり、からだは着物にまさるではないか。空の鳥を見るがよい。まくことも、刈ることもせず、倉に取り入れることもしない。だが、あなたがたの天の父は彼らを養っていてくださる。あなたがたのうち、だれが思いわずらったからとて、自分の寿命をわずかでも延ばすことができようか。また、なぜ、着物のことで思いわずらうのか。野の花がどうして育っているか、考えてみるがよい。働きもせず、紡《つむ》ぎもしない。しかし、あなたがたに言うが、栄華をきわめたときのソロモンでさえ、この花のひとつほどにも着飾ってはいなかった。

山上の垂訓　コジモ・ロッセッリ（1439〜1507）とピエロ・ディ・コジモ（1461/62〜1521）ヴァティカーノ宮システィーナ礼拝堂　側壁壁画
画面向かって右奥に山から弟子たちと共に下りるイエス、中央に小高い場所から群衆に語るイエス、右にハンセン病患者をなおす奇跡を行うイエスの計三場面が描かれている。ロッセッリは、フィレンツェを代表する画家の一人としてシスティーナ礼拝堂の装飾に参加し、四面の壁画を担当した。ロッセッリの弟子で、のちに奇矯な画家として知られるピエロ・ディ・コジモが助手として風景を描き、画面左端には師ロッセッリと共に若きピエロの肖像も描き込まれているといわれている。

求めよ。そうすれば、与えられるであろう。捜せ。そうすれば、見いだすであろう。門をたたけ。そうすれば、あけてもらえるであろう。

狭い門から入れ。滅びにいたる門は大きく、その道は広い。そして、そこから入《はい》って行く者が多い。命にいたる門は狭く、その道は細い。そして、それを見いだす者が少ない。

偽《にせ》預言者を警戒しなさい。彼らは羊の皮を身にまとってやってくるが、その内側は貪欲な狼《おおかみ》である。

イエスは語り、群衆は聴いた。すべてを

語り終えたとき、群衆はイエスの教えに驚いた。律法学者のようにではなく、権威ある者のように教えられたからである。マタイ記者はそのように注記している。

ここには、イエスの神の国運動を中心として形づくられつつあった最初の共同体の運動方針、あるいは生活綱領が、あたかもシナイ山のモーセ十戒のように、明確な原理として提示されているのを見る。おそらくそれは、彼らを取り巻く周囲の敵意に満ちた世界から、彼ら自身を隔絶するために、なくてはならぬ原理だったのであり、これによって彼らは、敵対者の迫害に身をさらしながら、自覚的に彼ら自身の生活を守りとおすことができたのである。イエス運動の展開を示す第一の貴重な伝承史料である。

2 共同体の祈り——主の祈り
（マタイ6章9—15節、ルカ11章1—4節）

マタイ記者の伝える〈主の祈り〉と呼ばれる様式化された祈りも、イエス運動の展開における〈共同の祈り〉の成立を示す有力な史料である。

マタイ記者によると〈主の祈り〉は、イエスの山上の説教の一部に含まれ、偽善《ぎぜん》的な祈りにたいする痛烈な批判とともに、イエス運動に新風を吹き込む〈共同の祈り〉として提示されている。

祈るときには、偽善者のようにするな。彼らは人に見せようとして、会堂や大通りの 辻に立って祈ることを好む。……

あなたは祈るとき、自分の部屋に入り、戸を閉じて、隠れたところにおいでになるあなたの父に祈りなさい。……

あなたがたの父なる神は、求めない先から、あなたがたに必要なものはご存じなのである。だから、こう祈りなさい。

天にいますわれらの父よ、
御名《みな》があがめられますように。
御国《みくに》が来ますように。
御心《みこころ》が天に行われるとおり、
地にも行われますように。
わたしたちの日ごとの食べ物を、
今日もお与えください。
わたしたちに負債のある者を赦《ゆる》しましたように、わたしたちの負債をもお赦しください。
わたしたちを試みにあわせないで、悪《あ》しき者からお救いください。

マタイの、荘重で、完成度の高い様式にくらべると、ルカ記者の記録する〈主の祈り〉は、心もち素朴で簡潔である。それは、イエスに向かって弟子のひとりが、私たちにも祈りの仕方を教えてください、と問いかける問答形式の物語の中で語りだされる。

主よ、ヨハネが弟子たちに教えたように、わたしたちにも祈ることを教えてください。そこで彼らに言われた。

祈るときには、こう言いなさい。

「父よ、御名《みな》があがめられますように。
御国《みくに》が来ますように。
わたしたちの日ごとの食べ物を、日々お与えください。
わたしたちに負債のある者を皆、赦しますから、わたしたちの罪をもお赦しください。
わたしたちを試みにあわせないでください」

マタイとルカに見られるこのような相違は、どこからくるのか。研究者たちの見解は、おそらくそれは、共同体において使用されていたものが、福音書記者の手に渡る二次的採集の段階で生じた偶然的なものにすぎないと見る点において一致している。

貢の銭　マザッチョ（1401〜29）
1424/25〜27年 フィレンツェ、サンタ・マリア・デル・カルミネ聖堂ブランカッチ礼拝堂
ユダヤ人男性に課せられたエルサレム神殿への納税義務についてイエスは疑問を投げかけている（マタイ17:24-27）。マザッチョは、中央にカファルナウムで取税人につかまったイエスの一行を、左側に釣り上げた魚の口から銀貨一枚を取り出し、右側に神殿税を支払うペテロを描いて、一連の物語を叙述している。フィレンツェ近郊に生まれたマザッチョは、完璧な透視図法に基づくリアルな空間描写、量感と個性を備えた人間表現によって、イタリア初期ルネサンス絵画の最も重要な開拓者とみなされる画家。

ここでも仄《ほの》かに浮かびあがる共同体の輪郭は、まぎれもなく、イエスの神の国運動を担う弟子たちの集団である。彼らは、新しい共同体の根源的な〈力〉としての聖霊と、飢えた者にたいする日ごとの糧食とを熱心に乞い求めている。とりわけ、食事にあずかることが、イエスの運動においていかに突出した願望であったかを、共同の祈りは赤裸々に告白している。悲しみのどん底にある者、今、泣いている者、パンのない者、そのような人だけが神の国の共同体に入ることができる。

イエスの旅は、そうした人びとを訪ね歩く村から村への旅である。迎え入れられた家では、病人を癒した。そして食事をともにする。パンのない家では、人びとが、どこからかパンの塊や魚を手に入れてきて食卓に並べた。これにぶどう酒があれば、小さな食事の席は、そのまま神の国の祝いの席となったのだ。こうした小さな人びとといっしょに食事をすることが、イエスと弟子たちとの生活綱領であった。そのようなイエスを指して、人びとは「大食漢で大酒飲み」と哄笑したという（マタイ11章19節）のだが、それは見当違いである。イエスにとって、神の国は断食の席ではなく、祝いの席であったのだから。

天の父は、パンを求める人に石ころをくださることはない。魚を求めて蛇をもらうこともない。天の父は、求める前から、必要なものをご存じなのである。

3 敵対者への理論武装――論争物語

福音書には、論争物語と呼ばれる一連の物語がある。論争を内容とする三幕もののドラマのような、同じ構造と様式をもった物語である。

第一幕

冒頭に、イエスと弟子たちとの、ある日の日常場面の描写が来る。その場に、たまたまパリサイ派と呼ばれるユダヤの律法主義の学者が居合わせて、論争の口火が切られる。パリサイ派は、イエスと弟子たちの律法違反を非難する。彼らの意図は明白だ。パリサイ派は、人びとの間に、イエスへの不信感を植えつけようと目論《もくろ》んでいる。

第二幕

冒頭にイエスの反論がくる。こうした状況では、イエスの言葉が決定的である。時にはイエスのひと言が、状況を左右する。人びとの関心も読者の期待もイエスの言葉に集中する。イエスの反論が、期待にそぐわぬはずはない。文字どおり寸鉄人を刺す言葉が、敵対者に向かって投げ返される。パリサイ派は返答に窮し、勝敗の決着は、だれの目にも明白となる。

第三幕

だが、ほんとうは、ここからが問題なのだ。なぜなら、イエスの言葉によって、状況は逆転し、新しい意味の地平がそこから開かれてくるからである。隠されていた律法の、ほんとうの意味が開示され、敵対者もイエスの弟子も、新たな知の覚醒に向かって開かれるからである。この覚醒こそが、敵対者にたいする共同体の理論武装なのである。

〈清めの論争〉

（マルコ7章1―13節・マタイ15章1―20節）

第一幕

あるとき、イエスの弟子たちの中に、手を洗わないで食事をしている者がいるのを見て、パリサイ派の人びとと数人の律法学者がイエスにたずねた。

なぜあなたの弟子たちは、昔の人の言い伝えに従わず、汚れた手のまま食事をするのですか。

これが論争の口火である。パリサイ派の人びとによれば、ユダヤ人ならだれでも、昔の人の言い伝えを固く守って、念入りに手を洗ってからでないと、決して食事を口にせず、また、市場から帰った

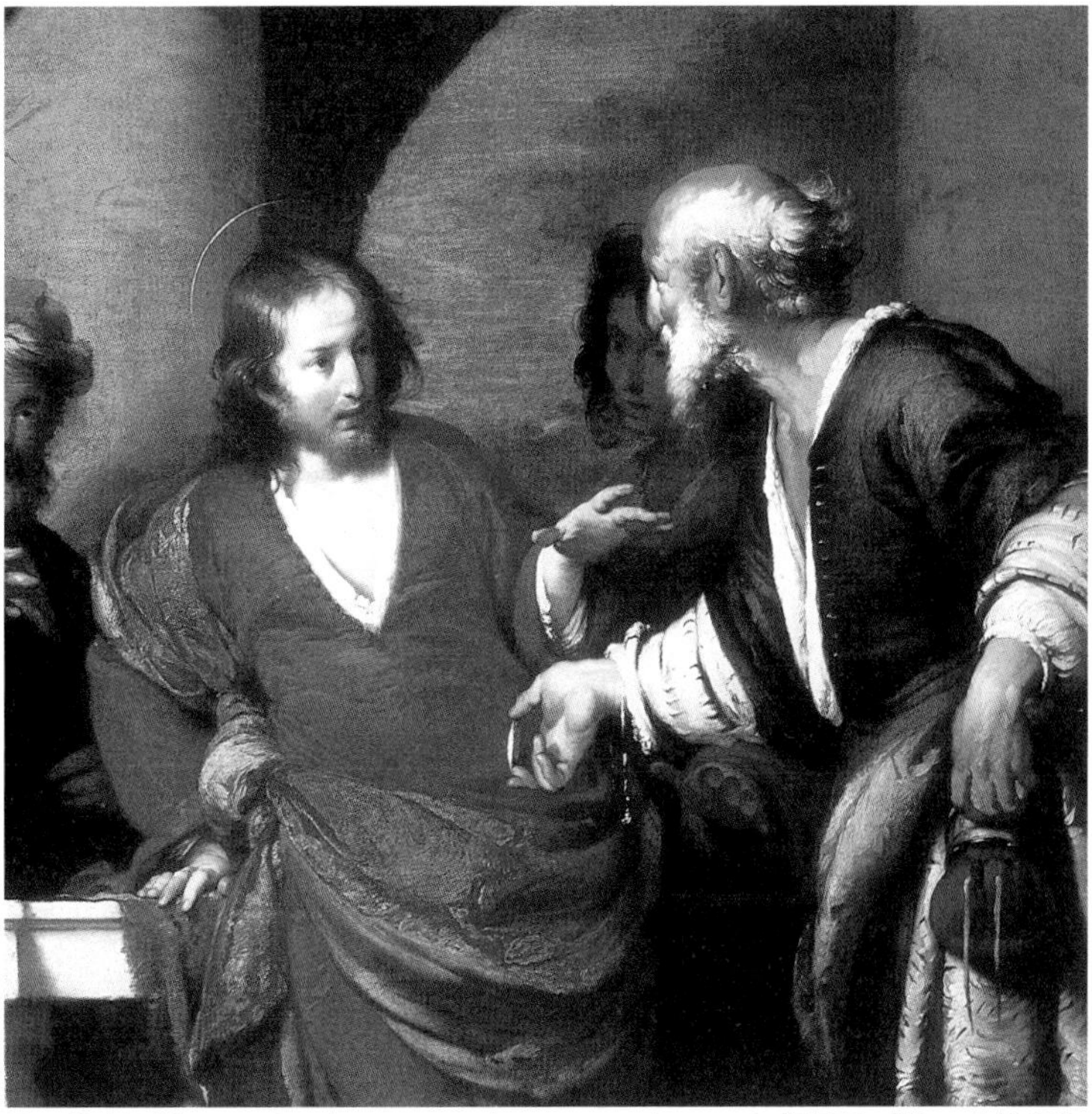

貢の銭（部分） ベルナルド・ストロッツィ（1581～1644） 1630年代初頭 ブダペスト美術館
パリサイ派やヘロデ党の人々が、イエスに詰め寄り皇帝税の是非を問う。肯定すればユダヤ民衆の反感を招き、否定すれば反逆者とみなされるため、イエスは答えに窮するはずである。しかし、デナリオン銀貨に刻印された皇帝の肖像を示したのち、イエスは鮮やかに切り返す。「皇帝（カエサル）のものは皇帝に、神のものは神に返しなさい（マルコ12:13-17、マタイ22:15-22、ルカ20:20-26）」。宗教画と肖像画の分野で、17世紀ヴェネツィアを代表する画家の一人ストロッツィは、イエスが名高い台詞を発する一瞬を、色彩豊かな筆致と劇的な明暗法で生き生きと描き出している。

ときには、身を清めてからでないと食事をしない。……なのにイエスの弟子は、それを平気で無視するふうである。これは、どうしたことだ。明白な律法違反ではないか、というわけである。

第二幕

これにたいしてイエスは、預言者イザヤの言葉をひいて、こう答えた。

あなたたちは、神の掟を捨てて、人間の言い伝えをかたくなに守っている。あなたがたは、自分の言い伝えを大事にして、神の掟をないがしろにしている……。皆、わたしの言うことを聞いて悟るがよい。外から人のからだに入るもので人を汚《けが》すことのできるものは何もなく、人の中から出て来るものが、人を汚すのである……。

イエスはこう言うと、群衆を離れて家に入った。

第三幕

イエスのあとについてきた弟子たちが、イエスの言葉の意味をたずねる。イエスは言った。

あなたがたも、そんなに物わかりが悪いのか。すべて外から人のからだに入るものは、人を汚すことはできないことがわからないのか。それは人の心の中に入るのではなく、腹の中に入り、そして外に出される。こうして、すべての食べ物は清められる。

弟子たちは真意をはかりかねて、茫然と互いに顔を見合わせるばかりであったのか、それを見てイエスがつづける。

人から出て来るものこそ人を汚す。中から、つまり人間の心から、悪い思いが出て来るからである。

ここまで言っても、なおも合点のゆかぬ面持ちの弟子たちに向かって、イエスはとどめの言葉を突きつける。悪い思いとはこうなのだ、と。

みだらな行い、盗み、殺意、姦淫《かんいん》、貪欲、悪意、詐欺《さぎ》、好色、ねたみ、悪口、傲慢《ごうまん》、無分別など……これらの悪はみな中から出て来て、人を汚す……。

要するに、外側の汚れから、内面の汚れへ！ イエスは、人びととの注意を喚起している。

第三幕が、異常なほどに長いのは、共同体における新たな知の覚醒が、この分野において、困難に直面していたことを物語るものだろう。

〈安息日《あんそくにち》の論争〉
（マタイ12章1―8節、マルコ2章23―28節、ルカ6章1―5節）

第一幕

ある日のこと、その日は安息日であったのだが、イエスと弟子たちは麦畑を歩いていた。弟子たちは空腹のあまり、麦の穂を摘んで食べはじめる。断食の日に、してはならないことをしてしまった。

第二幕

パリサイ派の人びとが、さっそくこれを見とがめて、イエスに言った。

あなたの弟子たちは、安息日に、してはならないことをしている。

そこで、イエスは言う。

ダヴィデが自分も供の者たちも空腹だったときに何をしたか、読んだことがないのか。神の家に入り、祭司のほかには食べてはならない供えのパンを、自分も供の者たちも食べたではないか。安息日に神殿にいる祭司は、安息日の掟を破っても罪にはならない、と律法にあるのを読んだことがないのか……。

イエスは、たたみかけるようにパリサ

水腫病者の治癒　1310～20年代初頭　ギリシア、ミストラス、アフェンディコ聖堂（パナギア・オディギトリア）ナルテクス・フレスコ
安息日にパリサイ派の議員の家に招かれたイエスの前には、一人の水腫を患う人がいた。イエスの挙動を窺う議員たち。病人の手を取って水腫をなおしたのち、イエスは、自分の息子が井戸に落ちたとき、安息日という理由で引き上げない者がいるだろうか、と議員たちに問いかける（ルカ14:1-6）。松葉杖に不自由な体をもたせかけた男性の印象的な表情は、当時の人々の疾病の苦しみについて、観る者に強く語りかけずにはおかない。アフェンディコ聖堂は、14世紀初頭モレア公国の首都ミストラスに建設された。聖堂内部は後期ビザンティン美術、パレオロゴス朝の優れたフレスコ画で飾られている。撮影、赤松章氏。

安息日《あんそくにち》（Sabbath）

モーセ十戒に定められた一週七日の最後の日。正確には金曜日の日没から土曜日の日没までをさす。その日は、断食を厳守し、すべての仕事を停止しなければならない。ヘブライ語のシャバトは「中止する」「止める」の意味。この起源については、初めは新月や満月と関係した月例祭であったのが、しだいに週ごとの祭りに変化していったとみる説が有力。安息日の労働禁止は、人間だけでなく、牛やろばなどの家畜にも適用されていた（申命記5章12―15節）。禁止された労働には、耕作、商い、旅行はもとより、パン焼きや荷物を運ぶ仕事なども、こまかく規定されている（出エジプト記16章23―30節ほか）。

それだけではなく、こうした安息日の戒律を守るために、さらに三十九カ条の禁止事項が作られ、それを守るために、さらにまた二百三十四項目の禁止行為が加えられて、ユダヤ社会は、数え切れない戒律によって、がんじがらめに縛りつけられていた。イエスが語った言葉「安息日は人のためにあるもので、人が安息日のためにあるのではない」は、こうした形骸化したユダヤの戒律主義への警告であった、と読み解くことができる。

イ派に迫る。その気迫に押されてか、もはや反論する者はいない。状況は逆転し、そこから新しい意味の地平が開かれようとしている。

第三幕

イエスの最後の、とどめの言葉は新たな知の覚醒を促す言葉である。

人の子は安息日の主《しゅ》である。

「人の子」は、ここではイエス自身の呼称。ひと言で言えば「安息日は、人のためにある。人がそのためにあるのではない」の意。人の子については、本章80頁のコラム参照。

このようにして、共同体の敵対者への理論武装が準備されてゆく。

〈取税人や罪人との食事〉

(マルコ2章15―17節、マタイ9章10―13節、ルカ5章27―32節)

第一幕

ガリラヤ湖のほとりの取税人レビの家で、イエスは食事の席に着いている。たくさんの取税人や罪人も、イエスの弟子たちと同席している。取税人とは、ローマ帝国の徴税を請け負うユダヤ人。罪人とは汚れた病気をかかえた者。いずれも

▲レビ家の饗宴　パオロ・ヴェロネーゼ(1528〜88) 1573年　ヴェネツィア、アカデミア美術館

取税人レビとは、イエスに新たに命名される以前のマタイの名前。作品は、元来《最後の晩餐》として修道院の食堂を飾るはずであったが、鼻血を出した召使いや道化など不適切な要素が描かれているとして、宗教裁判所の審問対象となり、より規制の緩やかな主題へ改題された経緯をもつ。13mに及ぶ画面は、三つの大アーチのもと開廊として設定され、イエスの周囲に賑やかに集う人々は、黄金時代のヴェネツィアの活況を今日に伝えている。

ユダヤ社会の被差別民をさしていた。

第二幕

その光景を目撃したパリサイ派の律法学者が弟子たちに言った。

どうしてイエスは、取税人や罪人といっしょに食事をするのか。

第三幕

これを聞いてイエスが言った。

医者を必要とするのは、丈夫な人ではなく病人である。わたしが来たのは、正しい人を招くためではなく、罪人を招くためである。

イエスの言葉のなかでも、もっともよく知られる価値観の逆転を促す言葉。

〈癒《いや》しの論争〉

（マルコ2章1―12節、マタイ9章1―8節、ルカ5章17―26節）

第一幕

ガリラヤ湖の北西岸のカファルナウムの町。イエスが家にいることが知れわたると、大勢の人がやって来て、戸口のあたりまで、すきまもないほどである。イエスが話をしているところに、四人の男が中風の病人を運んで来たのだが、群衆に阻《はば》まれて、イエスに近づくことができない。そこで、なんと屋根をはがして穴をあけ、イエスの頭の上から、病人の寝ている床《とこ》を吊りおろした。

第二幕

イエスは、その人たちの熱意に動かされるふうに、「子よ、あなたの罪は赦される」と言った。ところが、そこにユダヤの律法学者が数人座っていて、あれこれ思案していた。「この人は、なぜ、こんな言い方をするのか。これでは神の冒瀆《ぼうとく》だ。いったい神以外のだれが、罪を赦すことができるのか」

イエスは、彼らの心の中を見抜いて言った。

なぜ、そんな考えを抱くのか。中風の

◀**カファルナウムの中風患者の治癒**　5世紀末～6世紀初頭　イタリア、ラヴェンナ、サンタポリナーレ・ヌオヴォ聖堂　身廊側壁モザイク　身廊最上段のキリスト伝の一場面。寝台に寝かされた病人が屋根から吊り下ろされる場面が、戸外の出来事として表現されている。

人に、「罪は赦される」と言うのと、「起きて、床を担いで歩け」と言うのと、どちらがやさしいか。人の子が、地上で罪を赦す権威を持っていることを知らせよう、と言い、中風の人に向かって言った。起きあがり、床を担《かつ》いで家に帰るがよい。

第三幕

すると、皆の見ている前で、その人は、すぐに床を担いで出て行ったので、人びとは大いに驚き、「こんなことは、今まで見たことがない」と言って神を賛美した。

この物語には、二つの要素が入《い》り組《く》んだ仕方で結合されている。ひとつは癒しの奇跡、もうひとつが論争物語である。

全体として、奇跡物語の様式をとりながら、論争物語が滑り

◀**中風患者の治癒**　ジョヴァンニ・アントニオ・ペッレグリーニ（1675〜1741）1730年頃　ブダペスト美術館
イエスの言葉と共に奇跡が成就し、患者の顔が歓喜に輝く一瞬を晴れやかな色調で捉えた油彩スケッチ。ペッレグリーニは、18世紀前半に最も人気のあったヴェネツィアの画家の一人で、ヨーロッパ各地で活躍した。この習作は、ウィーンのカール教会内の礼拝堂の祭壇画のために描かれた。

▲**中風患者の治癒**　12 世紀　イタリア、パレルモ郊外、モンレアーレ大聖堂
室内にいるキリストの前に、寝台ごと吊り下げられた中風患者。イエスの起こした奇跡によって、患者は既に身を起こしかけている。モンレアーレ大聖堂は、ノルマン時代に、地中海貿易の要衝シチリアに建てられたバシリカ式の修道院聖堂。聖堂内部の袖廊と側廊には、大規模なキリスト伝がモザイクで描かれている。

込んだ、とみるのがよい。その組み合わせが絶妙なので、読者は少しの抵抗もなく、ひとつの完結した物語として読むことができる。

だが、よくよく見ると、第一幕は、おだやかではない。まるで人の度肝を抜くような描写である。このような、ぎょっとする描写は、むしろ奇跡物語の特徴に属し、論争物語では珍しい。

第三幕も同様である。人びとの見ている前で、床を担いで出てゆく人の、やはり人の度肝を抜く描写。これも、癒しの奇跡を特徴づける様式に数えられる。

最終段の、「人びとは驚き、こんなことは、今まで見たことがない」と言って、神を賛美した……は、奇跡物語の典型的な結尾唱句《けつびしょうく》であるとも言われる。しかし、それにもかかわらず、この物語が担《にな》っている論争物語としての役割が、ここでは重要なのである。そこから浮かびあがってくるのは、ユダヤ教の敵対者が仕掛けてくる攻撃にたいして、どのように向き合い、どのように応え、どのように闘うか、そのための具体的方法の必要性に迫られていた、イエスの神の国共同体の原初の姿ではないか。

4 救いの現在その一
——癒しの物語

夕暮れになり、日が沈むと、人びとは病人や悪霊につかれた者を皆、イエスのところに連れて来た。こうして町中の者が戸口に集まった。イエスは、さまざまな病《やまい》をわずらっている多くの人びとを癒し、また多くの悪霊を追い出された。（マルコ1章32節以下）

ひとりのらい病人が、イエスのところに願いに来て、ひざまずいて言った。「御心《みこころ》でしたら、清めていただけるのですか」。イエスは深く憐《あわ》れみ、手を伸ばして彼にさわり、「そうしてあげよう、清くなれ」と言われた。すると、らい病がただちに去って、その人は清くなった。（マルコ1章40節、ルカ5章12節）

イエスの神の国運動が、どのような仕方で、人びとの間に驚きの波紋となってひろがっていったか。イエスが驚きであったのは、神の国の教えだけではなく、イエスが現に人びとの目の前で病人を癒しているというその事実であったと、記者たちは書いている。実に数々の癒しを人びとは見たのだ。それは、なんと大きな不思議であったことだろう。

だが、予感はすでにあった。イエスの噂を獄中で耳にしたヨハネが、すぐさま

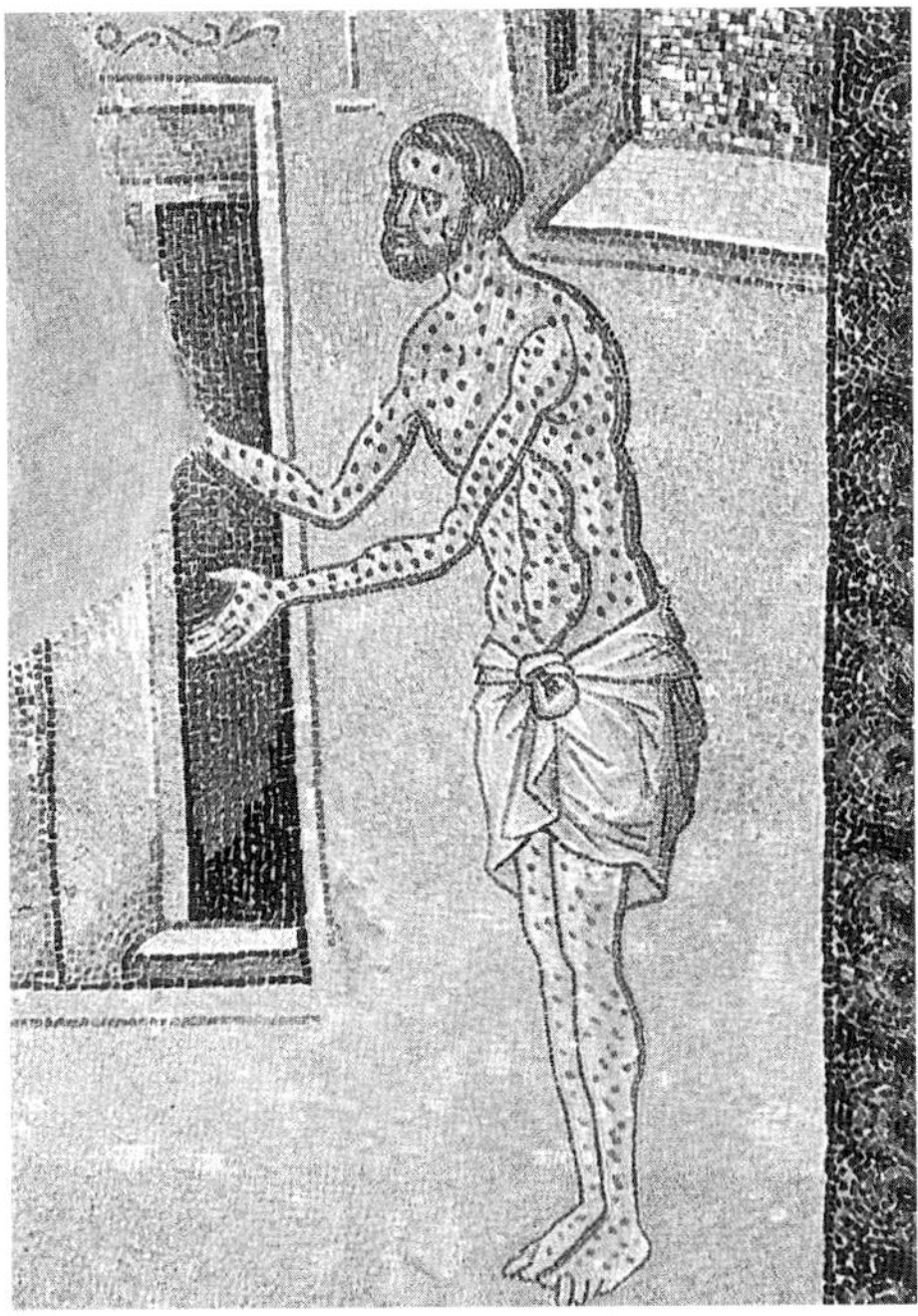

ハンセン病患者の治癒　1316〜21年
イスタンブール、コーラ修道院（現カリエ・ジャミイ）　エソナルテクス・モザイク
イエスに奇跡を願い出る患者。肌全体を覆う斑点によって、重い皮膚病の症状を表現しているが、モザイクの配色には調和と気品があり、その姿には決然と語りかける患者の強い意志がよく表れている。ハンセン病患者の治癒の図像は、中世末以降稀となっていった。

ハンセン病患者の治癒
（《キリストの試練》部分）
ボッティチェリ　1481〜82年　ヴァティカーノ宮システィーナ礼拝堂　側壁壁画
ボッティチェリは、システィーナ礼拝堂の側壁を飾る《キリストの試練》の前景に、イエスの奇跡によって治癒した患者の清めの儀式を描いている。祭司の前で、彼が纏っている白い衣装は、病が完治したことの証。

弟子を遣《つか》わしてたずねさせたとき、イエスはこう答えている。

行って、見聞きしていることをヨハネに伝えるがよい。目の見えない人は見え、足の不自由な人は歩き、らい病をわずらっている人は清められ、耳の聞こえない人は聞こえるようになり、死者は生き返り、貧しい人は福音を告げ知らされている。（マタイ11章2―6節、ルカ7章18―35節）

イエスの答えの、なんと明快であることか。イエスは、神の国運動がその本質において、病人や悪霊につかれた者の癒しであり、それはとりもなおさず罪の赦しであることを、この数行の言葉で言いつくしている。それが、現在完了形の時制で語られていることに注目！　神の国は、将来において実現されるであろう、かの世のことではなく、現に、この世において目に見える仕方で実現され、成就される出来事なのである。

わたしが、神の霊によって悪霊を追い出しているのなら、神の国は、すでにあなたがたのところに来たのである。（マタイ12章28節、ルカ11章20節）

思えば、イエスの神の国運動は、旧約聖書の預言者イザヤの言葉の成就であった（『図説　聖書物語旧約篇』117頁、129頁参照）。

イザヤは、亡国の苦難に沈むイスラエルの民に向かって、来るべき救いの時を、こう預言した。

荒野と、かわいた地とは楽しみ、
砂漠は喜びて花咲き、さふらんのように、さかんに花咲き、
かつ喜び楽しみ、かつ歌う。
………
そのとき、目の見えない者の目は開かれ、耳の聴こえない者は聴こえるようになり、そのとき、足のわるい者は、鹿のように跳び走り、口のきけない者は、喜び歌う。
それは荒野に水がわきいで、
砂漠に川が流れるからである……。
（イザヤ書35章）

イエスの運動は、イザヤの預言が、目の前で成就しつつあることの証明であった。マルコ、マタイ、ルカの三つの福音書にしるされた延べ百十五話にものぼる病気なおしの物語は、イエスの神の国運動に占める治癒《ちゆ》活動の比重の圧倒的な大きさを伝えている。それは、キリスト教成立のもっとも早いある時期、救いが、イエスによる、あるいはイエスの弟子た

イエスと百人隊長　ヴェロネーゼ　1570〜72年頃　マドリード、プラド美術館
瀕死の部下の救いを願い、カファルナウムを訪れたイエスの前に跪く百人隊長。緑がかった空を背景に軍装に身を固め、部下をひき連れた隊長と、イエスと弟子の集団が対比されている。イエスは、直接手を触れることなく彼の部下の病をなおした（マタイ8:5-13、ルカ7:1-10、ヨハネ4:43-54）。

ちのイエスの〈名〉による癒し（使徒行伝3章1―16節）であった事実と切り離すことができない。

　病気なおしの活動こそは、ユダヤ社会の支配の論理や差別のイデオロギーにたいする、神の国運動のもっとも戦闘的な形態ではなかったか。

　旧約聖書によると、呪われた病気のゆえに、町を追放された人間は、砂漠の死の谷に住みつくほかなかった（ヨブ記15章28節）。死の谷は墓場であり、それは地下の穴をとおって、暗い水底の死者のクニに直結している、と信じられていた。だから、砂漠の死の谷に隔離され幽閉された病人は、すでに生きながらにして死者であり、葬られた者であった。肉体の崩壊以前に、すでに社会の制裁によって、彼は生命を抹殺されてしまっていた。

　旧約聖書の『レビ記』13章には、呪われた病気の診断に必要な症候群が細目にわたって列挙されている。古代ユダヤは、こうした病気にたいする一連の医療行為――検診、診断、治療、隔離、社会復帰の権限を、ユダヤの最高法院をとおして、集中的に祭司の手にゆだねていた。祭司は臨床医のように、また裁判官のように、この権限を行使した。ある特定の病気が、神の呪いや穢《けが》れとして、社会的制裁の対象とされる。これほど人間にとって、恐るべきことがあるだろうか。これこそまさしく、病気に宗教的意味を強制することによって、人びとを恐怖に追いやるユダヤ社会の支配の力学そのものであったのだ。

　旧約聖書にリアルに描きだされているこうした状況は、そのままイエス時代のローマ帝政期のパレスティナの状況に重ねあわせることができる。むしろ状況は、ユダヤ律法主義の復活を企図するパリサイ派の横行によっていっそう悪化し、病気にまつわる差別の論理は、二重三重に民衆を縛りあげていた。

　イエスの病気なおしの活動は、こうした人びとに強制的に背負わされた神の呪いという名の病気のラベルをひきはがし、ユダヤ社会の最底辺に、人びとから差別され、生きながら屍骸《しがい》のように拒否されつづけてきた人びとを解放する力となった。そのことが、イエスの神の国運動の驚異であり、奇跡であったのだ。

　イエスと弟子たちは、ユダヤ社会を支配する差別の力学に真正面から挑戦する形で、こうした病人に接近し、彼らの社会復帰をうながした。当然、病気にたいして忌まわしいラベルを貼り付けるパリサイ派の律法主義者と衝突する。彼らこそが、呪いという名の病気の神話の伝道者であったのだ。正統ユダヤを標榜《ひょうぼう》するパリサイ派は、こうしたイエスの運動を反体制の異端として告発し、穢《けが》れた病人や罪人との接触を理由に、タブーの侵犯者として攻撃した。イエスの治癒活動は、このようにして、体制ユダヤからしだいに閉め出されてゆく。

福音書に記録された、一見、荒唐無稽《こうとうむけい》ともみられる、おびただしい数の病気なおしの奇跡物語は、こうした社会史的事実を背景に成立し、救いを求める人びとの魂に、治癒神イエスの登場を克明に刻みつけてゆくことになる。イエスによる病気なおしの物語こそは、キリスト教成立の埋もれた歴史の謎を解く重要な鍵を秘めている。

なお病気なおしの物語の具体例については、第六章の3、4、5およびコラム「さわる」参照。

5 救いの現在その二 ——回心物語

救いの時が、すでにはじまっている。数々の不思議が、目の前に起こっている。

キリストと姦淫の女 レンブラント・ファン・レイン(1606～69) 1644年 ロンドン、ナショナル・ギャラリー
イエスの前に跪き、涙を流す白衣の女性。彼女を引き立ててきた人々が、その罪状をイエスに告げ、返答を迫っている。レンブラントは、この主題をほの暗い壮麗な神殿内に設定し、高所から神秘的な光を投げかけることによって一群の人々を浮かび上がらせ、一瞬静寂に包まれたこの場の劇的効果を高めている。

驚きは、さまざまな病気の癒しや悪霊追放の奇跡だけではなかった。社会の底辺に生きる貧しい人びと、罪人のラベルを強制された被差別者の群れ、そうした社会の最下層の打ちひしがれた人びとに向かって、あたかも自由と解放を告げる「ヨベルの年」のラッパのように鳴り響いた。それがイエスの神の国運動である。ヨベルとは、「雄羊の角《つの》」を意味するヘブライ語のヨーベル。「ヨベルの年」とは五十年に一度ずつめぐってくる「解放の年」であり、この年には、イスラエルのすべての奴隷は解放され、借財は帳消しになり、人手に渡った土地の権利は、もとの所有者の手にもどされた。そのような掟《おきて》が、富める者と貧しい者との格差を是正し、社会の不均衡《ふきんこう》の拡大に一定の歯止めをかける手段として守られてきたのである。

なぜ、五十年ごとであったのか。実は、七年に一度の安息年を七倍した四十九年の七月十日が、ラッパを吹き鳴らす日として定められ、その翌年の五十年目が、解放の年として聖別されていたからである（レビ記25章8―11節）。

あなたがた、貧しい人たちは、幸いだ。
あなたがた、いま飢えている人たちは、
幸いだ。
あなたがた、いま泣いている人たちは、
幸いだ。
いま富んでいる人たちは、わざわいだ。
いま満腹している人たちは、わざわいだ。
いま笑っている人たちは、わざわいだ。

イエスの神の国運動は、このような価値観の逆転によって、人びとの心にヨベルの年のラッパのように浸透し、深い魂の変化をひき起こしていった。

ところで、ルカ記者によると、イエスは多くの町や村を巡《めぐ》り歩かれたが、それには十二人の弟子のほかに、数名の婦人が同行し、それぞれ持ち物をたずさえて、一行に奉仕していた（ルカ8章1―36節）。

イエスの運動にたいする共鳴者の中に、罪人と呼ばれた被差別者が含まれていたことは、さきにもふれたとおりだが、もっとも身近な旅の同行者の中に、数名の婦人が含まれていたというルカ記者の証言は、とりわけ注目をひく。

ルカ記者によると、彼女たちは、イエスによって癒される以前、いずれも悪霊にとりつかれていた女性であったという。なかには、マグダラのマリアのように、七つの悪霊にとりつかれた「呪われた女」もいた。もしかすると彼女は、遊女の前歴をもつ「罪の女」であったかもしれない（ルカ7章36節以下）。こうした差別された女性たちが、イエスによって罪を赦され、神の国運動の支持者として参加していたのである。

貧しい人、飢えている人、泣いている人は幸いだ、とイエスは言う。なぜなら、神の国は、そのような人たちにこそ開かれているのだから。

ヨハネ記者の記録する「姦淫《かんいん》の女」（ヨハネ8章1―11節）の話は、そうした「罪の女」の救済物語である。

場面は、エルサレム東方のオリーブ山。標高八百メートルを超す高い丘の上。

その日朝早く、イエスは山頂付近の神殿に入り、人びとに教えていた。そこに、律法学者やパリサイ派の人たちが、ひとりの婦人をひきたててやって来た。彼らは、イエスに向かって、こう切りだす。

この女は、姦淫の場でつかまえられた者です。モーセの律法には、このような女は石で打ち殺せ、とありますが、あなたはどう思いますか。

ヨハネ記者の描写によると、このときイエスは、群衆の輪の中でうずくまるようにして、指で何かを書いていた、という。やがてイエスは、うつむいたまま、静かにからだをおこすと、彼らに向かって口を開いた。

あなたがたの中で、罪のない者が、まずこの女に石を投げつけるがよい。

イエスの言葉は、痛烈だ。罪のない者なんて、いるはずがないのだから。一瞬、沈黙があたりを支配する。が、やがて、ひとり去り、ふたり去り、群衆は輪から抜けだし、あとには、イエスと女だけが残される。

イエスは言った。

女よ、みんなは、どこにいるのか。あなたを罰する者はどこにいるのか。

女が答える。

主よ、だれもいません。

イエスは言われた。

わたしもあなたを罰しない。帰るがよい。

物語は、ここで唐突《とうとつ》に終わっている。放免された女性が、その後、どのような人生をたどることになるのか、ヨハネ記者は沈黙したままだ。だが、救いは、このときすでに成就《じょうじゅ》されていた。

読者は、このような物語をとおして、イエスの言う「あなたがたが、いま泣いている人たち」とはいったいだれであるの

キリストと姦淫の女　ロレンツォ・ロット（1480頃～1556/57）1531～33年頃　パリ、ルーヴル美術館
女性の妖艶さ、言い募る律法学者やパリサイ派の人々の感情を剝き出しにした醜さ、そして穏やかなイエス。ヴェネツィア生まれの画家ロットは、奇想と不安に満ちた作品を描きながら、イタリア各地を転々とした。いきり立つ人々を制するかのように静かに右手を挙げたイエスの衣装の冴えた赤や青、女性の衣装の鮮やかな緑、艶やかに白い肌の色など、彩度の高い寒色系の色調はロットの特徴でもある。

放蕩息子　ヤン・ファン・ヘメッセン（1500頃〜63以降）　1556年　ブリュッセル、王立美術館
父から財産を分けてもらい家を出た息子は、娼館で身を持ち崩し、ほどなくして豚の餌を食べるまでに貧窮していく。16世紀にアントウェルペンとハールレムで活躍した画家ヘメッセンは、遊蕩にふける息子を濃厚な風俗描写とともに表し、「人間の愚かさ」の物語として新たなリアリティを与えている。

放蕩息子の帰還　エドワード・ジョン・ポインター（1836〜1919）　1869年　ニューヨーク、フォーブズ・マガジン・コレクション
後悔の念を胸に、家に戻る若い息子を暖かく迎える父親。放蕩息子の物語は、神が悔悛した罪人を喜んで迎え入れるたとえであった。パリでシャルル・グレールに学んだイギリス人画家ポインターは、この主題を抑制された感情で扱い、構図や人体、考証学的表現にアカデミックな画法の研鑽の成果を発揮している。

か、イエスの神の国運動が、だれのための運動であり、そしてそれは、いかなる仕方で成就《じょうじゅ》されるのかを理解することができるのだ。

この「姦淫の女」のような物語を「回心《かいしん》物語」あるいは「魂の更生《こうせい》物語」と呼ぶ学者もいる。「回心」とは、英語のコンヴァート（convert）の訳語で、「方向を変える」という意味の言葉である。船が航路を変えるように、人間の魂も、あるとき百八十度その針路を転回する、というのだ。

イエスと出会い、イエスの言葉にふれた人たちが、彼らの魂の内部で経験したに違いない転回を福音書記者たちは、絵に見るようにドラマ化した。とりわけルカ記者は、罪を犯した人間が、救いにあずかるために通過しなければならない魂の動揺と、その劇的な転回を生き生きと力強く描きだすことに文学的手法をこらした。

「放蕩《ほうとう》むすこの物語」（ルカ15章11節以下）、「罪の女の物語」（ルカ7章36節以下）、「取税人ザアカイの物語」（ルカ19章1節以下）、「十字架につけられた強盗の物語」（ルカ23章32節以下）など、こうした物語は、いずれも回心物語の典型である。

マグダラのマリアの悔悛　カラヴァッジョ　1590年代半ば　ローマ、ドーリア・パンフィーリ美術館

柔らかな光の満ちた室内で、涙にくれる美しい衣装を纏った髪の長い女性は、床に打ち捨てられた宝飾品の前の香油壺から、「罪の女」の物語（ルカ7:36-50）に基づくマグダラのマリアの単独像とわかる。過去を悔い、イエスに罪の赦しと精神的世界を求めたマリアを、カラヴァッジョはごく普通の女性の姿で描き普遍化した。それはまた鑑賞者の感覚に直接訴えて信仰へ導こうとする対抗宗教改革期のカトリック美術の特質をも示している。

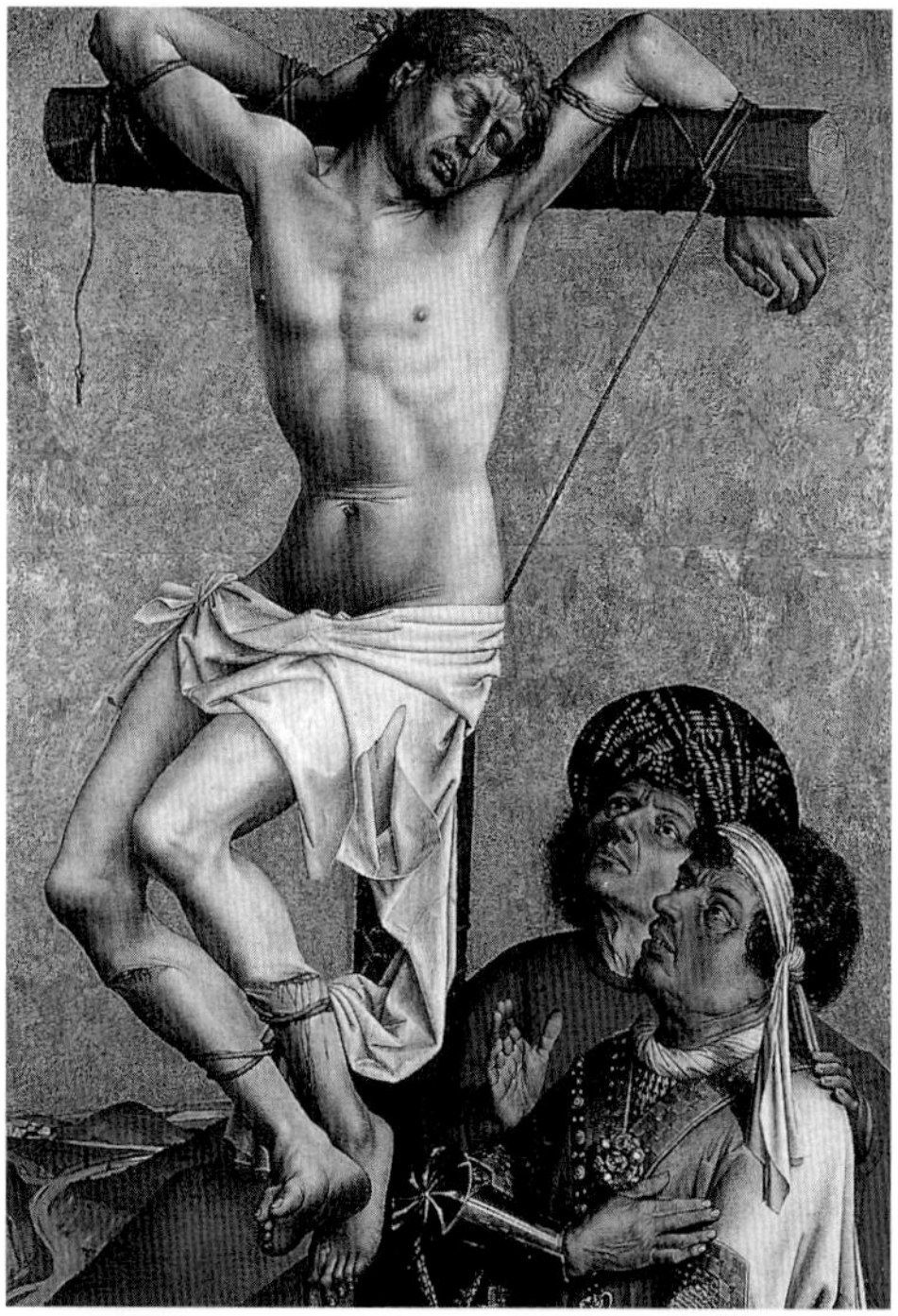

悪しき盗賊　ロベール・カンパン（1375/79頃～1444）　1430年頃　フランクフルト、シュテーデル美術研究所

イエスが磔刑（たくけい）に処せられたとき、同じ刑に服した二人の盗賊がいた。十字架上で、一人は「メシアなら、我々を救ってみろ」と悪態をつくが、もう一人は「我々は報いを受けているのだが、この方は何も悪いことはしていない」とたしなめた。作品は、イエスの十字架降下を中心に、左右に盗賊の磔刑を描いた現存しない三連祭壇画の右翼の断片。顔を背け、下方を向く姿勢から悪態をついた「悪しき盗賊」とみなされているが、死せる盗賊の表情には深い静けさが漂っている。

物語は、いずれも救いの時がすでにはじまり、神の国が成就しつつあることを語っている。それは、ドストエフスキーの小説『罪と罰』の主人公ラスコリニコフに起こった、あの小説の最終章にふさわしい「魂の更生」の経験とひとつに重なる、新しい人間誕生を告げる復活と再生の物語なのである。

「サドカイ派」・「パリサイ派」

「サドカイ派」とは、ソロモン王時代の大祭司サドクに由来する呼称。サドクの正統な血をひく一族の子孫は、エルサレム神殿のすべての祭司職を独占し、ユダヤ最高法院《サンヘドリン》の多数派を構成していた。「十分の一税」の制度によって、経済的にも安定した地位を保障され、ユダヤ社会の豊かな上層階級を占めていた。こうした特権を保持し続けるためには、ひたすら聖書の律法に固執し、ローマ帝国の支配体制にたいしては、口を閉ざして容認し、その存続を支持する立場に立つのが最善の策であったろう。このような現状容認の日和見主義に堕落してしまったサドカイ派に向かって、イエスは憤然と「あなたがたは思い違いをしている。それは聖書も神の力も知らないからだ」と攻撃した(マルコ福音書12章24節)。神殿を尊重する風をよそおいながら、その実、それを食いものにするサドカイ派をとおして、イエスは神殿制度にまつわる経済的搾取の姿を鋭く見てとったのだ。なお、サンヘドリンとは、ユダヤの最高議会。エルサレムには大サンヘドリン、地方には小サンヘドリンが設けられ、ユダヤの行政・司法の中枢機関として機能していた。

「パリサイ派」とは、ヘブライ語の「パールス」の複数形「ペルシム」(perusim)すなわち「分離された者たち」を意味する。サドカイ派的特権階級の現状容認主義に反発し、それをいさぎよしとしなかった者たちが、厳格な律法主義を旗印に、比較的富裕な都会の中流の知識階層からなる専門家的職能集団をつくった、とみることができる。彼らは、「ラビ」と呼ばれる律法の教師であり、その点において、神殿祭司職のサドカイ派とは明白な一線を画していた。とくに、サドカイ派の活動が、エルサレムの神殿中心であったのにたいし、パリサイ派の活動の拠点は、ユダヤ人の住むところであれば、どれほど小さな町や村にも必ず設置されていた「シナゴーク」と呼ばれる会堂であったから、彼らの活動はユダヤ社会の広範囲に及んでいた。彼らは、そこで律法の教師として、さまざまなもめ事や人生の相談にあずかる一方、聖書の朗誦や説教また子供にたいする律法教育といった社会的に重要な役割を担っていた。彼らは、とくべつに律法を学んだ少数派のエリートであったから、サドカイ派同様、一般のユダヤ民衆から自己を区別し、律法を守ることのできない貧しい民衆を「地の民」や「罪人」と呼んで宗教的蔑視の対象とした。ガリラヤを拠点とするイエスの神の国運動が、行く先々でなぜにパリサイ派と衝突を繰り返したのか。なぜにパリサイ派がイエスの神の国運動の前に立ちはだかり、行く手を阻害したか。その根深い対立の構図は、こうした社会構造に由来する。一方イエスは、律法の知識をひけらかすパリサイ派の偽善を「白く塗りたる墓」(マタイ福音書23章25節)と呼んで厳しく批判した。「外側は美しく見えるが、内側は死者の骨やあらゆる汚《けが》れに満ちている……」と言ったのだ。なんと激しい言葉であろう。

イエスの称号

①主

古代イスラエル人は、神の名ヤハウェをみだりに唱えることを固く禁止されていたので、その代わりに「主」(アドナイ)を使用したことが知られている。そのギリシア語訳が「キュリオス」である。ところが「キュリオス」は、ヘレニズム時代のローマ皇帝崇拝における称号と同じであったので、「イエスはキュリオス」と告白する者は、皇帝崇拝の否定者であることを自ら告白する者として逮捕され、殉教の死へ追いやられた。それほどに、「主」という称号は、イエスにたいする重要な呼びかけの称号であったのだが、意外なことに、最古の福音書であるマルコには、マタイやルカと違って、「主」の称号がほとんど用いられていないという事実が浮かびあがってくる。マルコの用例としては、異邦人であるシリア・フェニキアの女の呼びかけが、ただひとつの例として指摘されるだけである。(マルコ7章28節、他にマタイ15章21節以下)

しかも注目すべきことに、それは、奇跡をおこなう人への呼びかけであったのだ。

②神の子

これは、イエス自身が、本来、天の神の国に帰属し、この地上の国に遣わされた方であるという特性を強調する場合に使用される、特別な称号である。

たとえば、マルコ記者の記録するヨルダン川でのイエスの洗礼の場面。

ヨハネから洗礼《バプテスマ》を受け、水の中から上がるとすぐ、天が裂けて、霊(プネウマ)が鳩のように降《くだ》ってくるのをイエスは見る。

そのときのことをマルコ記者は書いている。

すると、「あなたはわたしの愛する子、わたしの心に適《かな》う者」という声が、天から聞こえた。(マルコ1章9—11節)

この不思議な声の中で、イエスは「わたしの愛する子」と呼ばれるのだ。これと同じような呼びかけは、マルコ9章2節以下の「イエスの変貌」と名づけられる不思議物語にも見られる(マタイ17章1節以下、ルカ9章28節以下)。イエスが人を避けて、ペテロ、ヤコブ、ヨハネだけを連れ、高い山に登られたときの話である。彼らの目の前で、とつぜん、イエスの姿が真っ白に変貌し、栄光に包まれ、モーセやエリヤと語り合うイエスを見るのである。まるで雷に打たれたように、なすすべを知らぬ弟子たちの耳に、光り輝く雲があらわれ、その中から不思議な声が聞こえてくる。「これはわたしの愛する子、わたしの心に適う者、これに聞け」。弟子たちは、急いであたりを見回したが、そのとき、もはやそこには何事もなく、イエスといっしょに、彼らだけが残されているばかりであった。聖書には、この高い山の記載はないが、ヘルモン山ともタボール山であったとも言われている。

③メシヤ(あるいはキリスト)

キリストの変容　フラ・アンジェリコ(1400頃〜55)　1440年代前半　フィレンツェ、サン・マルコ美術館
ドメニコ会修道院の画僧フラ・アンジェリコが、ドメニコ会に属するサン・マルコ修道院の僧房内に、修道士の祈りと瞑想のために制作したフレスコ画の代表作の一つ。楕円形の光背に包まれ、輝く衣に身を包み、堂々と手を広げたイエスの姿は、「神の顕現」にふさわしい圧倒的な超越性と神秘性を示している。

メシヤという称号は、ヘブライ語の「マーシーアハ」(masiah)で、「油をそそがれた者」を意味する。そのギリシア語が「クリストス」(christos)で、これこそ、まさしく呼びかけというよりも称号である。古代イスラエル人は、オリーブ油の中に神の霊力が含まれているという感覚を共有し、オリーブ油をからだに塗ったり、頭にそそいだりする行為に、「聖別」というとくべつに宗教的意味をあたえていた。メシヤが独自の意味をもちはじめるのは捕囚期以後、メシヤ概念が、イスラエルを解放する地上の王への期待と結合しはじめてからである。

　メシヤは、「神の子」概念よりもはるかに強く、この世の救世主と結びつけられるようになる。このような中で、イエスの神の国運動も救世主待望とひとつになり、権力をもった地上の悪《あ》しき王との対決姿勢を強めてゆく。そして、その究極に十字架の死がくる。

　イエスのメシヤ称号が、第二イザヤ的「苦難」や「卑賤《ひせん》」と結合し、やがて「殺されるメシヤ」として結晶化するのは、十字架の死の過程との結合の結果である。十字架につけられたイエスに向かってユダヤの祭司長や律法学者たちが、代わる代わる投げつけた次のようなののしりは、象徴的である。彼らは、こうののしったのだ。

「他人は救ったのに、自分は救えないメシヤ、イスラエルの王、今すぐ十字架から降りるがいい。それを見たら信じてやろう」(マルコ15章31―32節)

④人の子

　人の子の称号には、対立する全く異質のふたつの観念が、逆説的な仕方でひとつに結合されていると言われる(G・タイセン)。それは、尊厳にたいする卑賤、あるいは聖なる世界への帰属性にたいする地上における受難といった、対立する次元の統一である。このことだけでも、「人の子」称号はもっとも重要な称号であるのだが、さらに重要な事実が加わる。それは、「人の子」称号は、つねにイエスが、イエス自身に関して使用した称号だということである。たとえば、ピリポ・カイザリヤ地方を旅したとき、イエスは弟子たちにこうたずねた。

「人びとは、人の子をだれと言っているか」(マタイ16章13節)

「神の子」も、「メシヤ」も、いずれもイエスにたいして「外側」から付与された称号であるのにたいし、「人の子」は、イエス自身の口をとおして表現された自己自身にたいする呼称なのである。その限りにおいて、他の称号とは違って、もっとも密接にイエス自身の神の国運動と結合した呼称である。

「狐には穴があり、空の鳥には巣がある。しかし、人の子には枕するところもない」(マタイ8章20節、ルカ9章58節)

キリストの変容　ラファエロ　1518～20年　ヴァティカーノ絵画館
ラファエロの絶筆の一つ。上部の眩しく輝きながら飛翔するイエスと畏れて地に伏す弟子たちを描いた「変容」と、下部の「悪霊に憑かれた少年の治癒(マタイ17:14-20)」の二つの奇跡物語を、強度の明暗対比と動的な構成によって一つの画面に結び、次代の潮流であるマニエリスムやバロックを予告する傑作とされている。

●第六章

遍歴《へんれき》のカリスマ

1 カナの婚宴
（ヨハネ福音書2章1―11節）

ヨルダン川で、ヨハネから洗礼を受けたイエスのその後。

ヨハネ記者によると、その三日目に人びとは、イエスの最初の不思議を見た。その日、イエスはガリラヤの、とある農家の結婚式に弟子たちといっしょに招かれ、祝いの席についていた。母のマリアがその席に居合わせる。

ガリラヤ地方の習慣では、祝宴は週の第三日目にはじまり、ほぼ七日間つづく。その間、客は引きもきらず、大がめいっぱいのぶどう酒が空っぽになっても、なおつづいている。そのときもそうだった、とヨハネ記者は書いている。

ぶどう酒の大がめが空っぽになったのを見て、母のマリアがイエスにそっとささやいた。

ぶどう酒が、なくなりましたね。すると、イエスが答えて言った。

婦人よ、それが、いったい、わたしと

福音書記者ヨハネ
ジャコモ・ヤクェリオ（1380頃～1453）トリノ近郷、サンタントニオ・ディ・ランヴェルソ聖堂
象徴である鷲を傍らに、執筆中の福音書記者ヨハネ。ジャコモ・ヤクェリオは、1400～1450年にかけて宮廷画家としてサヴォイア公アメデーオ8世に仕えたトリノ出身の画家。主にトリノとジェノヴァ周辺で制作し、ランヴェルソ聖堂では聖人伝など複数の壁画連作を手がけている。

どんなかかわりがあるのですか。
わたしの時はまだ来ていません。（傍点筆者）

いかにも奇妙な応答だが、この謎を解く鍵は「わたしの時」にある。それは、ヨハネ記者の言い方では、「メシヤの時の到来」である。その思いがヨハネの心中を去来し、この物語の布石となっている。その「時」が来れば、大がめいっぱいの水をぶどう酒に変えるごときは、もはや問題でさえない。

母のマリアが、果たしてそのことに気づいていたかどうかはわからない。ヨハネは、ひと言もふれてはいないが、マリアの中には、一抹《いちまつ》の期待があったかもしれない。

マリアはさり気なく、召使いにこう言った。

この人が、何か言いつけたら、そのとおりにしてください。

▲カナの婚宴　ジョット　1304〜05年　パドヴァ、スクロヴェーニ礼拝堂
婚礼の席の中央に花嫁、左端のイエスの隣に花婿が座っている。イエスは、掲げた右手の指で奇跡を行う仕草をしており、その先には六つの水がめが並び、太った世話役が試飲している。聖母の不安げな微笑み、イエスを凝視する弟子。落ち着いた構成の中に、進行する奇跡のドラマと交錯する感情が細やかに描かれている。

▼カナの婚宴　ヘラルト・ダフィット（1460頃〜1523）　1500年頃　パリ、ルーヴル美術館
ブリュージュで活動した画家ダフィットは、初期フランドル絵画の伝統を継ぐ最後の巨匠。彼の描く《カナの婚宴》は、敬虔な祈りと瞑想的な雰囲気に浸され、同時に、イタリア絵画の影響を示唆する堂々とした人物群によって構成される情景は、風俗画や静物画的な要素をも含んでいる。画面の左右で跪いて祈りを捧げる人々は、注文主とその家族。

そこには、ユダヤ人が清《きよ》めに用いる石の水がめが六つ置いてあった。イエスが「水がめに水をいっぱい入れなさい」と言ったので、召使いたちは、かめの縁《ふち》まで水を満たし、イエスの指示どおり、宴会の世話役のところへその水がめを運んでいった。

さて、不思議は、その直後に起こった。何も知らずに味見《あじみ》をした世話役が驚いた。水がめのぶどう酒の、何という見事

な出来ばえ。

世話役は、花婿を呼んで言った。

だれでも初めに良いぶどう酒を出し、酔いがまわったころに劣ったものを出すものですが、あなたは良いぶどう酒を今までとっておかれた、と。

一部始終を見ていた弟子たちは、イエスの不思議な超能力を信じた、とヨハネ記者は書いている。それはプネウマであり、天からの賜物《たまもの》(カリスマ)である。これこそ、治癒神イエスの不思議のしるしでなくて、何であろう。

この不思議の謎は、水とぶどう酒とイエスを一本の線で結ぶヨハネ記者独特のプネウマ理解にあるのだが、物語は、そのほんの入口。不思議世界は、これからいよいよはじまるのだ。

2 サマリアの女——ヤコブの井戸

（ヨハネ4章6—15節）

イエスが弟子たちといっしょに、シカルというサマリアの町を通りかかったときの話。シカルという町は、『創世記』に登場する族長ヤコブのゆかりの土地で、そこにはヤコブが掘り当てたという由緒ある古い井戸がある。その古井戸のそばに座り、イエスは旅に疲れたからだを休めていた。ちょうど正午ごろのこと。弟子たちは、食べ物を買うために町に出かけていなかった。そこに、サマリアの女が水をくみにやって来た。

イエスが女に言う。

水を飲ませてください。

女が答える。

ユダヤ人のあなたが、どうして水を飲ませてほしいと頼むのですか。

意表をつく答えであるが、もとをただせば、ユダヤ人とサマリア人は、同じイスラエルのダヴィデ王国の民でありながら、王国の分裂（前九二二年）以来、南北に分かれ、互いに憎しみを増幅しつづけ、イエスの時代には、全く口さえきかぬ敵対関係にあったのだ。その限り、サマリアの女の言葉には、何の不思議もない。当たり前なら、ユダヤ人イエスはここで黙ってひきさがり、話はそこですんなり終わる。ところがイエスはひきさがらない。それどころか、女にたいして真向から立ち向かってゆく。イエスは、女

キリストとサマリアの女　ジョヴァンニ・バッティスタ・ピアッツェッタ（1683-1754）　ベンティンク・ティッセン・コレクション
旅に疲れ、ヤコブの井戸の端に座り水を乞うイエスに、水がめを抱えたサマリアの女が優雅な身振りで答えている。ピアッツェッタは、劇的な明暗表現と素早く大胆な筆致によって生き生きとした存在感を示す人物を描き、18世紀ヴェネツィア絵画を代表する画家の一人。

キリストとサマリアの女　アンニーバレ・カラッチ　1602/03年頃　ウィーン、美術史美術館
イエスの語りは熱を帯び、サマリアの女は日頃の反目を忘れて話に引き込まれている。後方に広がる緑豊かなシカルの町の風景が、画面に瑞々しい情趣を添えている。

に言う。

あなたに「水を飲ませてください」と言ったのが、もしも何者であるか知っていたなら、あなたの方からその人に頼み、そしてあなたは、その人によって生きた水を与えられたことでしょう。

女は、見知らぬ旅人の、この予想もしない反論に驚いた。いったい、この人はだれなのか。「生きた水」を飲ませてくれると言うこの人は……。女は、イエスの言葉に吸い寄せられ、思わず言う。

主よ、井戸は深いのです。あなたは、いったいどうして、その生きた水を手に入れることができるのですか。あなたは、ヤコブよりも偉いのですか。

イエスが、答える。

この水を飲む者は、だれでもまた渇く。だが、わたしの水を飲む者は、決して渇かない。わたしの水は、その人の内部で泉となり、永遠の命にいたる水が湧き出る。

女は、驚き、イエスに言った。

主よ、渇くことのないその水をください。

ヨハネ記者は、いったい何を伝えようとしているのか。ヨハネは、この不思議物語の秘密を解く鍵を、物語の中にしのびこませている。答えはイエスにある。イエスこそは、生命の水そのものなのだ。ヨハネ記者は、イエス自らの中に、渇かない永遠の水をみているのだ。

3 カナンの女

（マルコ7章24―30節、マタイ15章21―28節）

ここでは、異教の国フェニキアのツロとシドン（現在のティルスとサイーダ）が舞台である。その地に住む異邦の女の求めに応じ、イエスが娘の病《やまい》を癒す物語。

物語は、旅の空をゆくイエスの足もとに、とつぜん、ひとりの女がかけ寄り、ひれ伏して、癒《いや》しを乞い求めるところからはじまる。女には、悪霊《あくりょう》にとりつかれた娘がいたのである。女は、シリア・フェニキア生まれのギリシア人であった、とマルコ記者は書いている。不意の出来事に、弟子たちは狼狽《ろうばい》した。

マタイ記者によると、叫びながら必死についてくる女に手を焼いて、弟子たちがイエスに言ったという。

この女を追い払ってください。叫びながらついて来ますから……。

弟子たちは、恐れている。ある種の危

険を予感していた。もしこれがガリラヤなら、少しも慌てることなどなかったのだ。ところが、ここはフェニキア。異教の神バァールを守護神とする異国である。そのうえ、シドンには、この地方きっての治癒神《ちゆしん》エシュムン（のちにアスクレピオス神と習合）の大神殿がある。弟子たちは、とっさに思う。こんなところで、いざこざに巻きこまれたらかなわない。

弟子たちの懸念が、イエスにも通じたのだろうか。イエスは女に向かって、きっぱりと答える。

わたしは、イスラエルの家の失われた羊以外の者には遣《つか》わされていない。

イエスは明らかに、異邦の女を拒否したのだ。しかし、女はあきらめない。

主よ、わたしをお助けください。

女はイエスの前にひれ伏して言った、とマタイ記者は書いている。

だが、それでもイエスの態度は変らない。イエスは再び拒絶する。イエスは、このように答えたのだ。

子供たちのパンを取って子犬にやるのはよくない。

なんとも奇妙な言い方だが、やはり拒絶には違いない。「子供たち」とは、「イスラエルの子ら」をさす。イエスは、異

キリストとカナンの女のいる風景　フランシスク・ミレ(1642〜79)　アメリカ、トレド美術館
眺望の開けた緑なす風景の中程に異教の神殿が聳え、前景に小さくイエス一行とカナンの女が描かれている。仔細に観ると、カナンの女の足下の食物を拾う犬、弟子たちの落ち着かない素振りなど、物語の諸要素が丁寧に織り込まれている。アントウェルペン生まれのフランスの画家フランシスク・ミレは、プーサンに倣った理想的風景画を多く制作したが、若くして亡くなっている。

邦の女を異邦人であるがゆえに、重ねて拒否している。しかし、女はひるまない。ひるむどころか、やんわり受けて切り返す。

主よ、ごもっともです。しかし、子犬も主人の食卓から落ちるパン屑はいただくのです。

見事と言うほかないだろう。イエスは感嘆して言った。

女よ、あなたの信仰は見あげたものです。あなたの願いどおりになるように。

この瞬間に、娘の病気は癒《いや》された。

ここには、異教の町をゆくイエスと弟子たちの遍歴の旅の光景が、実に生き生きととらえられている。物語の背景から浮かび上がる構図は、イエスとシドンの守護神エシュムンおよびアスクレピオスとの競合であり、葛藤である。それが隠し絵のように物語の背景に布置されている。物語はひとつのエピソードにすぎないが、これを治癒神相互の競合という視点から見ると、イエスの神の国運動をめぐる周囲の状況は、想像以上に、厳しいものであったことがわかる。異教の神から、いつ不意討ちを仕掛けられるかわからない状況の中で、イエスは病気なおしをしていたのだ。

ギリシアの治癒《ちゆ》神《しん》アスクレピオスとイエスとの競合

アスクレピオス　150年頃　ローマ、カピトリーノ美術館
ローマ南方に位置する港市ポルト・ダンツィオ(古代のアンティウム)で発見されたローマ時代のアスクレピオスの彫像。治癒神アスクレピオスは有髭の壮年男性の姿で表され、表象として第一に蛇を伴い、さらに遊行者の杖、薬を飲ませる杯を持つことが多い。

アスクレピオスの治療　紀元前400年頃　ギリシア、ピレウス美術館
病気快癒を感謝してピレウスのアスクレピオスの聖域に捧げられた奉納浮き彫り。患者を治療しているアスクレピオスの傍らには娘(または妻)である健康の女神ヒュギエイアが、その向かい側には患者の家族が立っている。

これには、歴史的史料がある。それは、初期キリスト教の歴史過程にイエスとエピダウロスの治癒神アスクレピオスとの競合が存在したことを証明する史料である。両者の衝突が、その最初期において、どのようであったかは不明であるが、少なくとも二世紀から三世紀に入るころには、両者の競合は避け難いものになっていた。二―三世紀にかけて輩出する一群のキリスト教の教父たちが、治癒神アスクレピオスに向かって投げつける敵意に満ちた攻撃は、両者の抗争の激しさを伝えている。

闘争は、四世紀に入って、ローマ帝国のコンスタンティヌス帝がアスクレピオス神殿の徹底的破壊を命じたその後までもつづいている。抗争の終わりは、シリア教会が、アスクレピオス信仰の根絶を発令した五世紀ごろである。

この歴史的史料について、詳しくは、山形孝夫著『レバノンの白い山―古代地中海の神々』(未来社)の第二部第二章「初期キリスト教におけるキリスト――アスクレピオス競合の歴史過程」をご参照いただければ幸いである。

4

ベッサイダの不思議――「人が見えます。木のように見えます」
（マルコ8章22―26節）

遍歴の旅はつづく。イエスと弟子たちの一行が、ベッサイダと呼ばれるガリラヤ湖畔の漁村を旅したときの話。マルコ記者の記録をたどる。

一行がベッサイダという村に着いたとき、ひとりの目の見えない人が人びとに手を引かれてやってきて、イエスにさわっていただきたいと乞い求めた。

イエスは、この目の見えない人の手をとって、村の外に連れ出し、その両方の目につばきをつけ、両手をあてて、「何か見えるか」とたずねられた。すると彼は顔をあげて言った。「人が見えます。木のように見えます。歩いているようです」。それから、イエスが再び目の上に両手をあてると、目の見えない人は見つめているうちに、なおってきて、すべてのものがはっきりと見えだした。（傍点筆者）

主人公は、イエスに癒しを求める目の見えない人。人びとはその人をイエスのもとに連れてきて、「さわって」いただきたいと言ったという。するとイエスは、

盲人の治癒　（《マエスタ》プレデッラ裏面）　ドゥッチョ　1311年　ロンドン、ナショナル・ギャラリー
シエナ大聖堂主祭壇のための祭壇画《マエスタ》の裏面を構成するパネルの一枚。アフェンディコ聖堂の《盲人の治癒》(2頁)と同じ主題（ヨハネ9:1-7）を扱い、制作時期、またイエスが唾で泥をこね盲人の目に塗る場面と、その後盲人が「シロアムの池」で目を洗い見えるようになる場面を異時同図的に表す手法も共通しているが、イエスの足取りは、ここでは多彩な建築物の並ぶ地面にしっかりと固定されているようにみえる。

その人を「村の外」に連れ出し、不思議なことをする。イエスの不思議行為は、すべての人の目から遮断されている。「村の外」の意味するものも、必ずしも単純ではない。病人は、イエスによって「村の外」に連れ出された。その瞬間に、その人は、長い間閉じこめられていた悪しき病いという名の、呪われた社会から脱出したという見方も可能だから。

イエスの、まるでシャーマンか「呪医」のような行動は、この物語を不思議世界の不思議物語に彩色している。初めに「つばき」を病人の目に塗る。それが呪薬なのか、それともイエスの分身のような「聖霊」（プネウマ）なのか。もしもプネウマなら、それはイエスがヨルダン川で洗礼者ヨハネからバプテスマを受けたとき、まるで鳩のように、天界からイエスの上に舞い降りた超能力そのものである。

それからイエスは、両手を病人の目にあてる。ここでは、「さわる」ではなく「手をあてる」という用語が使われている。一度ならず二度までもである。「さわる」（ハプトー）も、「手をあてる」（エピセシス）も、基本的には同じ動作であるが、「手をあてる」は、用語として

エリコの盲人　ニコラ・プーサン（1594～1665）　1650年頃　パリ、ルーヴル美術館
福音書には様々な「盲人の治癒」の奇跡物語が述べられている。「エリコの盲人」は、エルサレムへ向かうイエスの一行がエリコの町を出たとき、奇跡を願い出た二人の盲人の治癒の物語。イエスが盲人の目に触れると、彼らはすぐに見えるようになり、イエスに従った（マタイ20:29-34、マルコ10:46-52、ルカ18:35-43）。ローマで制作し、フランス古典主義絵画の基礎を築いたプーサンは、広がりのある空間の中に、物語構造に即した態度や感情を示す人物を効果的に配し明晰な画面を構成している。

は、ユダヤ教に伝統的な「按手《あんしゅ》」の型を示す言葉である。「按手」とは、「手をあてる」ことに違いはないが、それは聖別された者のみに許された儀礼行為。相手の頭部に手をかざし、プネウマの伝達を祈願する行為である。イエスの行為は、単なる「さわる」ではなく、そうした「按手」の型を示していたかもしれない。

すると、何が起こったか。プネウマがイエスの手をとおして、病人の目に移動したのか。それとも、病人の目から悪霊が退散したのか。ともかくその瞬間、病人の目は開き、彼は顔をあげて叫ぶ。

人が見えます。木のように見えます……。

マルコ記者は、イエスの「さわる・手をあてる」という身体動作をとおして、プネウマの移動という不可視のドラマのプロセスを、目に見えるように描きだしている。遍歴のカリスマ・治癒神イエスの登場を、人びとの脳裏に鮮明に焼きつける場面である。そこに、この物語の狙いがあったに違いない。

「さわる」ことが引き起こす同じような話は、「ヤイロの娘とイエスの服にさわる女」（マルコ5章21―35節、マタイ9章18―26節、ルカ8章40―56節）にも見られる。いずれも遍歴のカリスマ・治癒神イエスの超能力を人びとの脳裏にあざやかに刻印する奇跡物語である。

出血症の女の治癒　4世紀　ローマ、サンティ・ピエトロ・エ・マルチェッリーノのカタコンベ　墓室65　アーチ形壁龕（へきがん）墓壁画
12年間も出血の止まらなかった女性が、群衆に紛れて後ろからイエスの衣に触れるとただちに病が完治したという奇跡物語。初期キリスト教時代、キリスト教徒は、カタコンベ（地下墓地）を墓所として使用し、「救済」の象徴や聖書の場面などを描いた壁画で内部を装飾した。被葬者が女性の場合、女性としての美徳を称えるために、女性を主人公とするこのような図像を集成して墓室を飾ることがあった。

「さわる」・「手をあてる」

福音書の奇跡物語からイエスの超能力にかかわる原語をひろいあげていくと「プネウマ」(pneuma)というギリシア語が浮かびあがってくる。このプネウマが、奇跡物語におけるドラマの主人公の役割を果たすのだ。ここに引用したベッサイダの不思議物語においても、ドラマの主人公はプネウマである。そもそも、「さわる」(ハプトー hapto)・「手をあてる」(エピセシス epithesis)というイエスの身体行動には、対立し、葛藤する二つの〈力〉—聖なる力対悪しき力、聖霊対悪霊という宇宙論的《コスミック》な二つの対立する勢力が、構造的な対立関係として配置され、イエスの行動は、その対立する勢力の究極的統一というドラマの過程を表現している。不思議な癒しは、そうした葛藤の統一の結果とみることができる。イエスの身体行動について、こうした宇宙論的ドラマの統一過程を表現する象徴的儀礼行為としてみると、さまざまな不思議物語の謎が解けてくる。

ナインの少年の治癒 (『ハインリヒ3世の読誦用福音書抜抄』より) エヒテルナッハ派 1039～43年 ブレーメン州立大学図書館
ナインの町で寡婦の一人息子の葬列に出会ったイエスは、涙にくれる母親に同情し、棺に手を触れて息子を蘇生させた(ルカ7:11-17)。ハインリヒ3世の治世下に神聖ローマ帝国の写本芸術の中心となったエヒテルナッハの修道院の写本所で制作された『ハインリヒ3世の読誦用福音書抜抄』は、同時代において最多数のキリスト教的主題の連作挿絵を含む写本の一つ。

QVEM MATER FLEVIT XPO DONANTE RESVRGIT.

ナインの寡婦の一人息子の蘇生 ダルムシュタット受難図の画家 1440年頃 ミュンヘン、バイエルン州立美術館
この祭壇画では、イエスは担架で運ばれる少年に直接触れ、身を起こした少年はイエスに手を合わせている。

ベテスダの池の奇跡
（『トリノ＝ミラノのミサ典書』《天使たちの随意ミサ》より）画家Kとランガトックの画家　15世紀前半　トリノ、市立美術館
草地に建つ五角形の城壁。五つの城門から訪れた障害を持つ五人の人々の眼前で、天使が杖で池の水をかき回し、癒された一人が手を合わせている。作品は、15世紀前半にベリー公ジャンによって注文された『いとも美しき時禱書』の分冊『トリノ＝ミラノのミサ典書』を装飾する一葉の主要ミニアチュール。

5 ベテスダの池の不思議
（ヨハネ5章2―9節）

エルサレムの城門に、羊の門と呼ばれる門があった。その門は、人間の通る門ではなく、家畜が出入りするための門であった。その門のそばに、ベテスダと呼ばれる池がある。汚れていた家畜は、この池の水でよく洗ってから城内に導き入れられることになっていたのだ。ベテスダの池は、そうした家畜を洗う池であった。

ところで、その池の周りには五つの回廊があって、そこには、たくさんの病人がたむろしていた。目の見えない者、足の不自由な者、体の麻痺した者……。そのような痩せ衰えた病人が大勢集まり、からだを横たえていた。

というのは、時々、池に天使が降りてきて水を動かすのだが、その水が動いた時に真っ先に水の中に入ると、どんな病気でも、たちまち癒《いや》されるという信仰があったからである。

さて、その病人たちの中に、三十八年もの間、水の動くのを待ちつづけているひとりの男がいた。物語は、ここからいよいよ核心に迫る。ヨハネ記者の記録をたどる。

イエスは、その人が横たわっているの

足なえを治すキリスト　バルトロメ・エステバン・ムリーリョ（1617〜82）　1668年　ロンドン、ナショナル・ギャラリー
セビーリアの慈善団体、サンタ・カリダー（慈愛）信徒会の会員であったムリーリョは、1670〜74年まで、同信徒会の病院付属サン・ホルヘ礼拝堂のために「キリスト教徒の慈愛」を主要テーマとする絵画連作を手がけた。作品はその一枚であり、主題には、積極的な救済活動の実践を掲げた同信徒会の会則が反映されている。多くの病人の集う池の上方には、金色の光に包まれて飛来する天使の姿が小さく描かれている。

を目にとめ、また長い間わずらっているのを知って声をかけた。

「なおりたいのか」

病人はイエスに答えた。「主よ、水が動く時に、わたしを池の中に入れてくれる人がいません。わたしが入りかけると、ほかの人が先に降りてゆくのです」イエスは彼に言われた。「起きて、あなたの床を取りあげ、そして歩きなさい」。すると、この人はすぐに癒され、床を取りあげて歩いて行った。

不思議な癒《いや》しの物語である。この物語が先の癒しと違うのは、イエスが病人にたいし、「さわる」とか「手をあてる」などの儀礼行為を一切していない点にある。マルコ記者の、いわばプネウマの移動の論理からすると、この点が腑《ふ》に落ちない。ヨハネ記者の狙いはどこにあるのか。手がかりは、イエスの呪術的な発話行為（パロール）にあるのだろうか。しかし、それもここでは無理だ。イエスは、「起きて、歩め」と言ったにすぎない。呪術言語とは無関係である。

いったい、謎を解く鍵はどこにあるのか。それは、「動く水」という視覚化されたプネウマに隠されているのではないか。

そのためにヨハネ記者は、ていねいな、

ベテスダの池　パルマ・イル・ジョヴァネ（1544～1628）1592年　マラーノ・ディ・カステナーゾ、モリナーリ・プレデッリ・コレクション
ベテスダの池で奇跡を行うイエス。画面左側に、肩に寝具を担ぎ、しっかりした足取りで回廊を去る病の癒えた患者の後ろ姿が見える。パルマ・イル・ジョヴァネは、ティツィアーノに学び、ティントレットとヴェロネーゼの影響を受け16世紀末に活躍したヴェネツィアの画家。

やや長すぎるとも受けとれる注記を書き添えたのに違いない。

「動く水」には、プネウマが働いているという感覚。それこそ「動く水」と遍歴のカリスマ・イエスを一本の線で直結する仕掛け。それをヨハネは意図している。もしも、イエスが「動く水」であるならば、病人は、もはや、水の動く瞬間を待って、池の周囲に縛りつけられている必要はない。なぜなら、イエス自身がプネウマなのだから。

ヨハネ記者は、プネウマとしてのイエスと「動く水」との視覚的結合がもたらす癒しの効力を直感している。ヨハネ記者にとって、遍歴のカリスマ・イエスは、まさにプネウマとしての動く水なのであった。

百フルデン版画　レンブラント　1647〜49年頃　アムステルダム、国立美術館版画素描室
レンブラントのエッチングの中で最も複雑な構図をもつとされる《百フルデン版画》は、マタイによる福音書の第19章から採られた主題——病人の治癒、子供の祝福、使徒たちへの戒め、金持ちの青年の思案などから構成されている。重層的に配されたこれらの主題のなかで、とりわけ印象的なものは、イエスのもとへ手を引かれ、あるいは運ばれてくる多くの病人たちの姿だ。

「風」と「水」と「プネウマ」

旧約聖書によると、風は神の先ぶれ。大地の吐く息。つむじ風は神の通過する道、風のざわめきも咆哮《ほうこう》も神のあらわれの前ぶれである。風をあらわすヘブライ語は「ルアッハ」(rûaḥ)。そのギリシア語訳が「プネウマ」(pneuma)。それは、人間の目には隠された、しかし、森羅万象《しんらばんしょう》を動かす不思議な〈力〉をさしている。イエスは、プネウマに導かれて、荒野に分け入り、悪魔の誘惑に勝利し、数々の奇跡をおこなった、と福音書記者はみる。とりわけヨハネ記者は、イエスが語る、「風」と「水」への深い思いに注意を凝《こ》らし、次のように書きとめている。

「風(プネウマ)は、思いのままに吹く。あなたはその音を聞いても、それがどこから来て、どこへ行くかは知らない」(ヨハネ3章8節)

「はっきり言っておく。だれでも水と霊から生まれなければ、神の国に入ることはできない」(ヨハネ3章5節)

「水」は「目に見える風」とでも言うかのように、ここでは、「風」と「水」、カリスマ・イエスが「プネウマ」という一本の線で連結されイエスの不思議世界の宇宙論(コスモロジー)を、生き生きと躍動的に表現している。このことは、ヨハネ記者の独特な文学的手法に属する。

エルサレム入城　（『聖エセルウォルドの祝別要式書』より）　970～80年　ロンドン、大英図書館
ウインチェスター司教エセルウォルドが、制作させた豪華写本の一頁で、「しゅろの聖日」を示す。入城するイエスと歓迎する人々の画像は、四隅に放射状の葉飾りのついた装飾枠に縁取られているが、この生命感溢れる植物文様は、アングロサクソンの写本の新傾向として11世紀まで発展を続けた。

●第七章　受難《じゅなん》物語——最後の一週間

1　イエス、エルサレムに向かう（マルコ10章、マタイ20章、ルカ18章以下）

過越《すぎこし》の祭《まつ》り（ペサハ。『図説　聖書物語旧約篇』65頁参照）が一週間後に迫っていた。

ペサハとは、ユダヤの春祭り。この日が近づくと、大勢のユダヤ教徒が神殿詣《もう》でのために、各地からエルサレムめざして集まってくる。そのようなおびただしい人びとの群れにまじってイエスも、そして弟子たちも移動している。この祭りの日に照準を合わせて、彼らは慎重にエルサレム入りの準備をすすめているのだった。だがここにきて、彼らの思いは、複雑をきわめている。なぜなら、エルサレム入りが死の危険と紙一重であることを、彼らはすでに予知していたからである。敵対勢力が手ぐすねひいて待ちかまえている。エルサレム入りは、自ら火の中に身を投ずるようなものだ。それは深い暗闇のような恐ろしい予感である。それが、幾重にも彼らの心を怯《ひる》ませていた。

キリストのエルサレム入城　シャルル・ル・ブラン（1619〜90）　1689年頃　フランス、サン=テチエンヌ現代美術館
歓呼の声に包まれて、城門へと進む青衣のイエス。ル・ブランはシモン・ヴーエとプーサンに学んだ後、ルイ14世の首席画家として17世紀後半のフランス美術界をリードした。死の前年に描かれた本作は、プーサンの《七つの秘蹟》に倣ったキリスト伝連作の一点。鮮やかな色彩と共に、イエスを基点にさざ波のように立ち起こる感情のドラマを連鎖的に構成し、群衆の高揚する歓喜と興奮を叙情的に表現している。

そのような怯む心を振り払うように、彼らは旅をつづけてきたのである。とりわけイエスにとって、この旅が死出《しで》の旅であることは、もはや疑いようのない現実であった。だがイエスは、その現実を回避しようとは思わず、ひそかに心の中に死を覚悟している。

一方、弟子たちはどうか。弟子たちが、このようなイエスの心の動きに鈍感であるはずはない。むしろ、弟子たちこそ、イエスの身に起こるであろう危険を予知し、神経を磨り減らすほどであったのだ。彼らの心は漂流し、不安の石くれが、彼らの内部で軋《きし》み音をたてている。避けることができるなら何としても避けたい。

マルコ記者は、それを次のように書いている（マルコ10章32―34節、他にマタイ20章17―19節、ルカ18章31―34節）。

> 一行がエルサレムへ上って行く途中、イエスは先頭に立って進んで行かれた。それを見て、弟子たちは驚き、従う者たちは恐れた。イエスは再び十二人を呼び寄せて、自分の身に起ころうとしていることを話しはじめられた。「今、わたしたちはエルサレムへ上って行く。人の子は、祭司長たちや律法学者たちに引き渡される。彼らは死刑

を宣告して異邦人に引き渡す。異邦人は人の子を侮辱し、唾《つば》をかけ、鞭打ったうえで殺す。そして、人の子は三日ののちに復活する」**

いったい、「人の子」とはだれなのか。弟子たちは半信半疑《はんしんはんぎ》のまま、イエスが語るのを聞いた。不安がひろがってゆく。十二人の鉄のような結束に、不協和の軋《きし》みがあらわれはじめる。このようにしてオリーブ山のふもとのベタニア村にさしかかる。エルサレムはもう目の前だった。イエスは二人の弟子を使いに出して、言った。

向こうの村へ行きなさい。村に入るとすぐ、まだだれも乗ったことのない子ろばのつないであるのが見つかる。それをほどいて、連れて来なさい。(マルコ11章2節)

二人の弟子たちは、訝《いぶか》りつつ、イエスの言葉を聞き、そのまま黙って出ていった。しばらく行くと、ろばの子がつないであるのが目にとまる。二人がつなをほどいていると、居合わせた人びとが彼らを咎《とが》めたので、二人はイエスが語ったとおりのことを言い、そのまま、ろばの子を連れてイエスのところに戻ってくる。弟子たちが、ろばの子の上に自分の着ていた服をかける。イエスが乗る。そのときの不思議な光景を、マルコ記者が書いている。

イエスが、それにお乗りになると、多くの人びとは、自分の服を道に敷き、また、ほかの人びとは野原から葉のついたしゅろの枝を切ってきて道に敷いた。そして、前を行く者も後ろに従う者も叫んだ。

「ホサナ。主の名によって来られた方に祝福があるように。われらの父ダヴィデの来《きた》るべき国に、祝福があるように。いと高きところにホサナ」(マルコ11章7―10節)

マルコ記者は、このようにイエスがエルサレムに入ったときのことを、なぜか克明に書きとめている。神殿の境内に着いたときには、すでに日没がはじまっている。その夜イエスは、十二人の弟子た

ホサナ(Hosanna)

原語は、ヘブライ語。もとの意味は「救いたまえ」。のちのキリスト教会は、この記事にちなんで、この日を「しゅろの聖日」(Palm-Sunday)と定め、ホサナの歌を礼拝式に採用した。この日、人びとは手に手に「しゅろの葉」をかざし、「ホサナ、ホサナ」と歌いながら行列をつくって町中をねり歩く。「しゅろ」は、勝利のシンボル。

ベタニア村

エルサレム南東三キロのオリーブ山のふもとにあるイエスゆかりの村。その村で、イエスはマルタとマリアの姉妹と、その弟のラザロを知った。福音書のエピソードは、イエスと彼らの交わりがいかに深かったかを伝えている。とりわけ、ラザロを死からよみがえらせた「ラザロの復活物語」(ヨハネ11章)は、福音書文学の傑作のひとつに数えられてきた。らい病人シモンの家で、ナルドの香油を注いだ女(ヨハネによればベタニアのマリア)の話も、このベタニア。ルカ記者によると、イエス復活後の昇天の場所も、この村のすぐ近くであったという(ルカ24章50節)。現在ベタニアの呼び名は消滅し、アラビア語で、「エル・アザリエ」と呼ばれる「ラザロ」にちなんだ名前の場所に、フランシスコ派の「ラザロの教会」が建てられ、多くの巡礼者を集めている。

ちとともにエルサレムを出て、ベタニアの村へもどる。ベタニアは、エルサレムから歩いて一時間半ほどのところにある丘の上の村だった。そこには、イエスを慕うマルタとマリアの姉妹が住んでいた。彼女たちの家の持ち主はらい病患者のシモンであったが、この家庭にいると、静かな安らぎにつつまれ、イエスはパリサイびとや律法学者の攻撃を忘れる気がした、とE・ルナンは書いている（ルナン・E『イエスの生涯』忽那・上村訳、人文書院）。

2 イエス、神殿から商人を追い払う

（マルコ11章15―19節、他にマタイ21章12節以下、ルカ19章45節以下）

翌日、ベタニア村を出た一行は、再びエルサレムに入り、神殿の境内を進んでゆく。境内には、参詣人を相手に、商売人や両替人や鳩を売る者たちが屋台をひろげ、さかんに客を呼んでいる。そのにぎにぎしいさまが、イエスの目に異様にうつる。イエスは近づくと、商売人を境内から追い出しはじめ、人びとの目の前で、彼らの屋台や腰掛けをひっくり返し、両替する者の金を散らし、彼らに向かって声を荒げ、預言者イザヤの言葉を引いて一喝《いっかつ》する。

これらのものを、ここからすべて取り去れ。わが父の家を商売の家とするな。「わが家は、もろもろの国民の祈りの家と呼ばれるべきである」と書いてあるではないか。ところが、お前たちは、それを強盗の巣にしてしまった。

日ごろは柔和で、謙遜であるイエス。そのイエスの激しい怒りの爆発に、弟子たちは度肝を抜かれた。

イエスの怒りは、だが、冷めてみれば、よくわかる。弟子たちは、あらためてその勇気に感服した。しかしイエスに敵意を抱くユダヤの祭司長や律法学者たちは、イエスのこのような挙動をこそ、手ぐすね引いて待ち構えていた。それこそが彼らのおもうつぼなのだ。彼らは、このことを知ると心の中で喝采し、ただちにイエスをいかにしてひっ捕らえ、血祭りにあげる

神殿から商人を追い払うキリスト　エル・グレコ（1541～1614）　1570～75年頃　アメリカ、ミネアポリス美術館
クレタ島に生まれ、ヴェネツィアとローマで修業し、後にスペインへ渡ったグレコのイタリア滞在期の到達点を示す作品。神殿内の騒然とした情景が、ヴェネツィア派を思わせる豊穣な色彩と流麗な筆致、遠近法を強調したマニエリスム的空間構成で描出されている。

か、謀議をこらしはじめた。彼らを押しとどめるものは何もなかった、とマルコ記者は書いている。イエスを生かしておけば、いつの日か、彼は民衆をあおりたて、体制ユダヤをおびやかす反乱の種となる。その危険を防止する手立ては、イエスを消し去る以外にない。彼らは確信を抱いている。

　夕暮れ、イエスと弟子たちはエルサレムの城門を出て、ベタニアの村に引き返し、隠れ家《が》に身をひそめる。危険な夜をエルサレムにとどまることへの不安が、彼らを引き返させたのだ。

3 律法学者らとの議論
（マルコ11章27節以下、マタイ21章23節以下、ルカ20章1節以下）

　翌日も、翌々日も、イエスと弟子たちはエルサレムに姿をあらわす。神殿の境内を歩いていると、祭司長、律法学者、それに長老たちが、イエスを見とがめて言った。彼らは、待ち伏せしていたのである。

　いったい、何の権威で、あのような乱暴狼藉《ろうぜき》を働いたのか。だれが、そうする権威を与えたのか。

　この問いには罠《わな》がある。答え方しだいで、罠にはまることをイエスは知っている。だからイエスは答えない。答える代わりに反問する。イエスは、逆にこうたずねた。

　では、わたしが答える前に、ひとつたずねたいことがあるから答えてほしい。ヨハネの洗礼は天からのものだったか、それとも、人からのものだったか。

　このイエスの問いに、彼らは答えることができない。互いに論じ合い、知恵をしぼったが、わからない。うまい答えの見つからぬまま、彼らは不承不承に「わからない」と答えた。イエスは言った。

　もしも、それに答えを出すことができないなら、何の権威で、このようなことをしたのか、わたしも答えを言うことはすまい。

　彼らがイエスの問いに答えることをしぶったのは、民衆の反撥《はんぱつ》を恐れたからである、とマルコ記者は書いている。答えは明白だったのだ。民衆の間には、だれひとり、それが「天からのもの」であることに疑問を抱く者などいなかったのだから。

4 ナルドの香油
（マルコ14章3—9節、マタイ26章6—13節、ヨハネ12章1—8節）

　過越《すぎこし》の祭り（ペサハ）が、あと二日に迫っていた。祭司長や律法学者は、イエス逮捕の時をめぐって秘策を練っている。だれに手引きをさせるか。祭りの期間に決行するか。その期間は避けるべきか。議論は二転三転した。彼らは民衆が騒ぎだすことを恐れている。策略は容易にまとまらなかった。

　一方イエスは、ベタニア村のらい病人シモンの家に身をひそめていた。シモンは、支持者のひとりなのだった。その日、シモンの家で、弟子たちとともに食事の席に着いていると、ひとりの女性が香油の入った石膏の壺を持ってイエスに近寄り、その場で壺をこわし、イエスの頭に香油をそそぎかけた。かぐわしい匂いがたちまち部屋を満たす。弟子たちは驚いた。この女《ひと》はだれか。どうして、このようなことをするのか。この香油は、この地方の人びとなら知らぬ者のない、高価なナルドの香油だったから、彼らはあまりのことに、からだが震えるほどだったのだ。弟子のひとりが、憤懣《ふんまん》にたえぬかのように言った。

なぜ、こんな高価な香油を無駄にするのです。この香油なら、三百デナリオン以上に売って、貧しい人びとに施すことができたのに。

彼はそう言って、その女《ひと》を厳しくとがめた、とマルコとマタイ記者は書いている。だがその弟子とはだれであるか、またその女《ひと》がだれであったかについて、ふたりの記者は口をとざしたままである。書いているのはヨハネ記者だけである。

ヨハネ記者は、その女《ひと》とは、ベタニア村のマルタの姉妹のマリアであったと特定し、その同じ席に、彼女たちの兄弟がいたことも示唆している。その兄弟とは、イエスによって、死者の中からよみがえらせられたラザロその人であったことも……。

いったいだれが、その女《ひと》をとがめたのか。ヨハネ記者は、十二人の弟子のひとり、イスカリオテのユダであったと書いている。そして、ユダがそのようなことを口に出して言ったのは、貧者への思いからではなく、自分の不正を人びとの注目からそらすためであった、とコメントしている。実は、ユダは、人びとの財布を預かる身でありながら、その一部をくすねていたのだ、と言うのだが、それがまだ隠されたままの状況では、ユダの言葉は鋭い亀裂となって、弟子たちの心に突き刺さる。

さて、イエスは、どのように答えたか。マルコ記者の記録するイエスの言葉を引用する。

この女《ひと》のするままにさせておくがよい。なぜ、この女《ひと》を困らせるのか。わたしに良いことをしてくれたのだ。もしよいことをしてあげたければ、いつでもできる。だが、わたしは、いつも

▲マグダラのマリア ヤン・ファン・スコレル（1495～1562） 1529年頃 アムステルダム、国立美術館
ヨハネが記したマルタの姉妹マリアの行為は、「罪の女」の行為（ルカ7:36-50）に合致し、西欧では「罪の女」とマグダラのマリアが同一視されていたため、三人は同一人物とみなされた。マグダラのマリアは長髪の女性として描かれ、また15世紀以降は持物（アトリビュート）として香油壺が添えられた。スコレルは、イタリアを訪れてルネサンス絵画を吸収したネーデルランドの「ロマニスト」の一人。

▼ラザロの蘇生 セバスティアーノ・デル・ピオンボ（1485頃～1547） 1517～19年 ロンドン、ナショナル・ギャラリー
英雄的身振りを伴ったイエスの呼びかけに応え、屍衣をふりほどきながら巨軀を起こすラザロ。セバスティアーノは、ヴェネツィアで修業した後、ローマでラファエロやミケランジェロの影響下に制作し、二地域の芸術を最初に結びつけた画家とみなされている。

いっしょにいるわけではない。この女《ひと》はできる限りのことをした。つまり、前もってわたしの体に香油をそそいで、葬《ほうむ》りの準備をしてくれた。はっきり言っておく。世界中どこでも、福音が宣《の》べ伝えられるところでは、この女《ひと》のしたことも記念として語り伝えられるだろう。

イエスの言う「葬りの日」という言葉に弟子たちは緊張し、互いに顔を見合わせ、しまいには黙りこんでしまった。彼らの中を冷たい風がとおりすぎる。最後にたくした一縷《いちる》の望みも断ち切られた思いに、彼らは打ちのめされている。この追いつめられた状況から、脱出する手立てはどこにあるのか。

一方、イエスは、確実に近づきつつある死の足音を聞いている。全身全霊を傾けて、迫りくる死の脅威に立ち向かっている。マリアのささげるナルドの、そのかぐわしい匂いは、死の奥深い暗闇の恐怖から、もうひとつの別の宇宙の高みに向かって、イエス自身をひきあげてくれる孤独な儀礼だったのかもしれない。このとき、イエスの内面を窺《うかが》い知りえた者は、ナルドの香油の女ただひとりではなかったか。

ナルドの香油

ナルドは、サンスクリット語の「ナラダ」(かぐわしい匂い)に由来し、ヒマラヤ山脈に自生するオミナエシ科の植物をさす。その根茎からしぼり取られる香油はきわめ高価で、アラバスターの壺につめて輸出された。

5 最後の晩餐《ばんさん》

(マルコ14章12節以下、マタイ26章17節以下、ルカ22章7節以下)

過越《すぎこし》の祭りの前夜、子羊の屠《ほふ》りの日がやってきた。「子羊の屠り」とは、モーセのエジプト脱出の夜の出来事の再現である。かの遠い昔、エジプト脱出のその夜、モーセは人びとにこう語った。

あなたがたは、夕暮れを待って、家ごとに傷のない子羊(注・去勢してない雄の子羊)を一頭殺しなさい。また一束の苦菜《にがな》(ヒソプ)を子羊の血にひたし、その血を鴨居《かもい》と入口の柱に塗りな

ラザロの蘇生《そせい》

ベタニアの村に住む姉妹マルタとマリアの弟。死後すでに四日をへたラザロが、イエスによってよみがえる「ラザロの蘇生《そせい》」は、内容的にも、物語の分量においても、ヨハネ福音書最大の奇跡物語。ヨハネ記者だけが伝えている(ヨハネ11—12章)。

ラザロの蘇生　12世紀　アテネ、ビザンティン美術館
アトス山に由来する中期ビザンティンのイコンで、イコノスタシス(聖画壁)の楣を装飾するドデカオルトン(十二大祭)連作の現存最古の作例の一つ。イエスは内面の深い感情を表情に示しつつ、ペディメント(破風)のある墓に骸布を巻かれて葬られたラザロに手を伸ばし「ラザロよ、出てきなさい」と、呼びかけている。時間が重層的に表現された画面の中、ラザロは蘇生後の生気ある眼差しでイエスを見つめている。

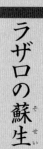

弟子たちの足を洗うキリスト　11世紀前半　ギリシア、フォキス、オシオス・ルカス修道院主聖堂　ナルテクス・モザイク
最後の晩餐に先立って、イエスは桶に水を満たし、腰に布を巻いて弟子たちの足を洗い拭こうとした。困惑して固辞するペテロに、イエスは「洗わないなら、あなたと私と何の関わりもないことになる」と言った。ペテロは、「主よ、足だけでなく、手も頭も」と言い、恐縮しながら足を洗ってもらう。ペテロの隣に腰掛けて、サンダルを脱ごうとしているのはヨハネ。

さい。主がエジプトを撃たれるとき、その血を見て、その家を過ぎ越し、あなたがたを滅びから守られるから……。（出エジプト記12章）

このモーセの故事《こじ》にならい、ユダヤ人は、日没の子羊の屠《ほふ》りの儀式を長い間守りつづけ、イエスの時代にも引き継がれていたのである。エジプト脱出は、ユダヤ民族の記念すべき救いの出来事であった。過越の祭りはその記憶の再現である。

さて、その日が来たとき、イエスは弟子たちに、ひそかにエルサレムに入り、過越の食事を用意するように命じた。イエスはこのように語った、とマルコ記者は書いている。

市内に入ると、水がめを持った男の人がいる。その人のあとについて行くがよい。そしてその人が入ってゆく家の主人にこう言いなさい。

「過越の食事をする座敷はどこですか」。すると主人は二階の広間を見せてくれるだろう。

弟子たちがエルサレムに入ると、イエスの言ったとおり、水がめを持った男があらわれ、家の主人に手引きして、彼らを二階の広間へと案内した。

宵闇《よいやみ》がしのび寄るころ、イエスは十二人の弟子たちを連れてその家に行き、二階の広間にあがり、席に着く。いよいよ食事がはじまる。そのときである。イエスがとつぜん口を開き、弟子たちに向かって恐ろしいことを告げたのだ。

あなたがたの中のひとりで、わたしといっしょに食事をしている者が、わたしを裏切ろうとしている……。

あまりのことに、弟子たちは一瞬、動かしていた手を止め、しばらくは口もきけないほどだったが、やがて、憂《うれ》わしげに口を開き、ひとりひとり言い出した。

主よ、まさか、わたしではないでしょうね。

イエスは言った。

十二人の中のひとりで、わたしといっしょに、同じ鉢にパンを浸している者がそれだ。

それからイエスは、ゆっくり、まるで自分自身に語り聞かせるように言葉をついだ。

人の子は、たしかに自分について書いてあるとおりに去ってゆく。しかし、人の子を裏切るその人はわざわいだ。その人は、生まれなかった方がよかったのだ。

弟子たちは、おびえた。その耐えられぬ緊張の場面をやわらげるようにヨハネ記者は、イエスのすぐ隣で食事の席についていた弟子のひとりが、イエスの胸もとに寄りかかるようにして「それはだれのことですか」とたずねた、と書いている（ヨハネ13章22―28節）。ヨハネ記者による物語の明細化の手法である。

イエスは、パン切れを浸してとると、わたしがこれを与えるのがその人だと答え、イスカリオテのシモンの子ユダに与えて言った。

しようとしていることを、今すぐするがよい。

悲鳴に似た叫びが、周りの空気を引き

◀最後の晩餐　（チューリンゲンまたはザクセンの『詩篇』より）13世紀初頭　大英図書館
ユダにパンを与えるイエスを描いた個人用詩篇の装飾イニシャル。西欧の「最後の晩餐」の図像ではユダのみがイエスの向かい側に位置することがあるが、この装飾頁でも二人はデザイン的に処理された円卓の内外で対峙している。

裂いた。それから人びとは、ユダが、階段を駆けおりていく音を聞いた。外は、夜の闇に閉ざされていた。

足音が遠ざかり、部屋の中に静けさが戻る。イエスはパンをとると祝福してそれを裂き、弟子たちに与えて言った。

取りなさい。これはわたしのからだ。

それから杯《さかずき》をとり、感謝の祈りをして彼らに与えて言った。

これは、多くの人のために流すわたしの契約の血……。はっきり言っておく。神の国で新たに飲むその日まで、ぶどうの実からつくったものを飲むことはもう決してあるまい。

弟子たちは、その杯から、ひとりひとり飲んだ。

不思議な思いが、潮のように満ちてきて、彼らの心を包みこんでいった。

その瞬間、背後からつきまとう不安の棘《とげ》から解き放たれたように彼らは感じた。それは、何と大きな、底深い安堵《あんど》であったことだろう。そのあと、一同は賛美の歌をうたってから、オリーブ山へ向かった、とマルコ記者は書いている。

6 ゲッセマネの園——この苦しみの時

（マルコ14章32—36節、マタイ26章36—46節、ルカ22章39—46節）

一同がオリーブ山のふもとのゲッセマネ（注・オリーブ油をしぼる場所の意）というところに着いたとき、イエスは弟子たちに言った。

わたしが祈っている間、ここに座っているがよい。

そして、ペテロ、ヤコブ、ヨハネを伴

▲使徒達の聖体拝領　ヨース・ファン・ゲント（活動期1460〜74以後）　1473〜74年　イタリア、ウルビーノ、国立マルケ美術館
ウルビーノの聖体同信会のための大祭壇画で、教会内でウルビーノ公フェデリーコ・ダ・モンテフェルトロをはじめとする貴顕の見守る中、イエスが弟子たちに聖体のパンを差し出している。15世紀後半に同地に赴いたフランドルの画家ヨース・ファン・ゲントの代表作であり、初期フランドル絵画様式のイタリアへの伝播を裏付ける貴重な作例の一つ。

▶最後の晩餐　レオナルド・ダ・ヴィンチ（1452〜1519）　1495〜98年　ミラノ、サンタ・マリア・デッレ・グラツィエ修道院食堂
イエスの裏切りの告知直後の情景。弟子たちの間に波及する衝撃は、再びイエスの静かな諦観の表情に収斂していく。レオナルドは、イエスに光背を描かず、遠く広がる明るい風景をもってその代わりとし、また当時の図像的慣例を採らず、ユダを動揺する弟子たちの中に含め、地上に生きる人間の悲痛な心理劇とした。

オリーブ山での祈り　ジョヴァンニ・ベリーニ(1430頃～1516)　1459年頃　ロンドン、ナショナル・ギャラリー
ヴェネツィア派の基礎を築いた画家ジョヴァンニ・ベリーニが、義理の兄弟アンドレア・マンテーニャの強い影響下に制作した修業時代の傑作。マンテーニャの同題作品の硬質な造形言語を摂取しつつも、物語の悲劇性を際だたせ、胸を衝く夜明けの光の描写には、独自の資質が顕著に表れている。

って進んで行った。

このときのイエスの、痛ましいほど取り乱した姿を、マルコ記者は、深ぶかと覗《のぞ》きこむように書いている。

イエスはひどく恐れてもだえはじめ、彼らに言われた。「わたしは死ぬばかりに悲しい。ここを離れないで、目を覚ましていてほしい」。そして少し進んで行って地面にひれ伏すと、できることなら、この苦しみの時が過ぎ去るようにと祈り、こう言われた。「父よ、あなたにはできないことはありません。どうかこの杯をわたしから取りのけてください。しかし、わたしが願うことではなく、御心《みこころ》に適うことが行われますように」

ほとんど無防備に近い、裸のままのイエスを、マルコ記者は映像のように描写した。最後の祈りから聞こえてくるのは、螺旋《らせん》階段を昇りつめてゆくように、死に向かうイエスの深い絶望の声である。そのストイックな自己《じこ》抑制《よくせい》も、かえって絶望の深さを浮き立たせるばかりである。神は沈黙している。

その間、弟子たちはどうであったか。

マルコ記者は書いている。イエスがもどってみると、弟子たちは眠りこけてい

キリストの捕縛　アントーン・ヴァン・ダイク（1599-1641）　1618～20年　マドリード、プラド美術館
松明の光が暴徒と化した群衆の劇的動勢を強調し、前景で剣を振るうペテロの凄まじい描写は暗い情感を伝えている。興奮の渦中で、イエスのみが醒めており、強い静かな眼差しでユダを見つめている。1618年頃にリュベンス工房の助手となるや、数年をおかず右腕として重用されたヴァン・ダイクの初期宗教画の傑作で、リュベンスが生前手放さず所有していた作品。

た、と。イエスが、ペテロに言った。

シモン、眠っているのか。わずか一時《いっとき》も目を覚ましていることができなかったのか。誘惑に陥らぬよう、目を覚まして祈っていなさい。心は燃えても、肉体は弱い。

それからイエスは、再びもどって行って、倒れるように地に伏すと、祈りはじめた。その間中、弟子たちは眠りこけていた。イエスは、三度目にもどって来て言った。

まだ眠っているのか、休んでいるのか。もうよい。時が来た。人の子は、罪人たちの手に渡される。立ちなさい。さあ行こう。見よ、わたしを裏切る者が近づいて来た。

イエスの言葉が終わらないうちに、暗闇の中をユダが進んで来るのが見えた。ユダの後ろには、剣と棒を持ったローマの兵と群衆が従っていた。

ユダは近づくとすぐ「先生（アボニ）」と言って、イエスに接吻《せっぷん》した。すると、いっせいに剣を持つ者がイエスにとびかかり、イエスを捕らえた。

イエスが、後ろ手に鎖をかけられ、大祭司の家に引き立てられて行くのを見て、弟子たちは、くもの子を散らすように闇の中を逃亡した。

7 ペテロは泣いた（マルコ14章66節以下、マタイ26章69節以下、ルカ22章56節以下）

大祭司カヤパの邸の中庭。たき火をかこんで、下役人が暖をとっている。その中にペテロの顔もまじっている。彼は、どのようにして中庭まで入りこむことができたのか。火にあたるふうをよそおいながら、彼は聞き耳を立てていた。

深夜の訊問《じんもん》が、すでにはじまっている。祭司長、長老、律法学者など、ユダヤの最高法院の議員たちが、証人の申し立てにしたがって、イエスの罪状を洗いざらい数えあげ、並べたてていた。どのようにすれば、イエスを叛逆罪《はんぎゃくざい》で告訴できるか。そのための動かぬ証拠が欲しかったのだ。多くの証人が進み出て、イエスの犯罪を立証したが、決定的証拠のないまま、時間だけが経過してゆく。いらだちが、彼らを攻撃的にしていた。イエスは、口を閉ざしたままだった。たまりかねて、大祭司が立ち上がる。

どうして、何も答えないのか。人びとは皆、不利な証言を申して立てている。いったい、あなたはどうなのか。

大祭司は、それでもなお沈黙しつづけるイエスに言った。

あなたが、ほむべき者の子、キリストというのは、ほんとうか。

そのとき、初めてイエスが口を開いた。

あなたの言われるとおりです。あなたがたは、人の子が、天の雲に乗ってくるのを見るでしょう。

大祭司はこれを聞くと、衣《ころも》をひき裂いて言った。

これ以上、どうして証人の必要があるだろう。わたしたちは、この耳で、この男が神をけがす言葉を聞いたのだか

カヤパの前のキリスト　ジョット　1304〜05年　パドヴァ、スクロヴェーニ礼拝堂
決定をもはや覆さないことを神に誓い衣を引き裂く大祭司カヤパと、イエスを平手で打つ兵士。訊問の最終局面を叙述しながらも、室内に掲げられた松明の光が下方から天井を照らすディテール描写は、14世紀初頭という時代において、ジョットの驚くべき緻密な観察眼を示し、画面に迫真のリアリティを与えるものだった。

ら。

人びとは騒然《そうぜん》となって、口ぐちにイエスを死罪と断定し、つばを吐きかけ、目隠しをして、「あててみよ」などと言いながら、こぶしや手のひらでイエスをたたいた。

そうした騒ぎの輪からひとり離れて、ペテロは中庭に座っていた。闇の中にたき火の残り火が、そこだけぼんやり照らしていた。

そのとき、通りかかった大祭司の召使いの女が、ペテロを見とがめて言った。

お前さんは、たしかあのナザレびとイエスといっしょだった。

ペテロは、とびあがるほど驚いて女を見た。もうろうとした意識に、不意に記憶がもどってきた。彼はあわてて、わたしは知らないと打ち消すと、その場を立

◀キリストへの嘲笑　マティアス・グリューネヴァルト（?〜1528）　1504〜05年　ミュンヘン、アルテ・ピナコテーク
目隠しされ、笛や太鼓で囃し立てられながら、二人の刑吏から暴行を受けるイエス。刑吏の荒々しい容貌と暴行の細部の克明さ、輝く鮮やかな色彩は、受難の凄惨さを際だたせている。グリューネヴァルトは、ドイツ農民戦争終結後に筆を断ち、一度は忘却されたが、20世紀に再発見されたドイツ・ルネサンス期を代表する宗教画家の一人。

▼ペテロの否認　ヘリット・ファン・ホントホルスト（1590〜1656）　17世紀前半　アメリカ、ミネアポリス美術館
ホントホルストは、ローマに赴き、カラヴァッジョの明暗法を学んだオランダのユトレヒト出身の画家。闇の中に照らし出された人物のクローズアップによって主題の心理的側面を強調する画風を得意とし「夜のゲラルド」と呼ばれた。

悔悛するペテロ　エル・グレコ　1605～10年頃　トレド、タヴェーラ病院
罪を悔いる聖人の姿は、対抗宗教改革期のカトリック教会が最も推奨した図像の一つであり、グレコはスペインにおける同図像の制作と普及に積極的な役割を果たした。二つの鍵はペテロの持物で天国の鍵を示す。

ち去りかけた。すると女が、彼を指さして、「この人は、間違いなく、あのナザレびとイエスの仲間だ」と言った。

ペテロは、ふたたび強く打ち消したが、今度は周囲の人たちが騒ぎたてて言った。

「お前さんは、確かに、彼らの仲間だ。お前はガリラヤびとだから」

ペテロは激しく否定し、呪いの言葉さえ口にしながら、「わたしは、ほんとうに、その人のことなど知らない」と言った。

そのとき、にわとりが鳴いた。ペテロは、「にわとりが二度鳴く前に、あなたは三度、わたしを知らないと言うだろう」と言われたイエスの言葉を思いだし、外に出ると、こらえきれずに泣いた。

深い悲しみが、創口《きずぐち》から流れ出る血のように、あとからあとから噴きだしてきた。

異例の深夜の訊問は、明け方になって終わった。イエスは神殿を侮辱《ぶじょく》した咎《とが》により、瀆神罪《とくしんざい》の罪を着せられ、ローマ総督のもとに移送されていった。死刑執行の権限は、ローマ総督の手にゆだねられていたからである。

キリストの鞭打ち　カラヴァッジョ　1606～07年　ナポリ、カポディモンテ美術館
闇の中でかすかに煌めくイエスの光背。作品は、ナポリのサン・ドメニコ・マッジョーレ聖堂家族用礼拝堂のための祭壇画であり、カラヴァッジョは、苛烈な拷問を比類のないリアリズムで描くことによって、イエスの苦痛を聖書の「記述」から、鑑賞者の「体験」の領域へ移行させている。

ピラトの前のキリスト　ティントレット　1566～67年　ヴェネツィア、聖ロクス同信会、サーラ・デッラルベルゴ
心ならずも処刑を決定した総督ピラトは、イエスから顔を背けつつ、手を洗って流される血に関わりのないことを証している。本作は、ティントレットが20余年を費やした大画面連作で装飾され、深い宗教的感情に満たされた聖ロクス同信会の二階、受難伝の描かれた「アルベルゴの間」の入口上方に位置し、強調された遠近法が画面に広がりを与え、列柱に囲まれたほの暗い空間に降り注ぐ光が、孤高のイエスの優美な立像をくっきりと際だたせている。

8 ゴルゴタの丘（マルコ15章、マタイ27章、ルカ23章）

ローマ総督ポンテイオ・ピラト（ローマ皇帝直轄領《ちょっかつりょう》のユダヤ、イドマヤ、サマリアを治めた第五代ユダヤ総督）は、引き立てられてきたイエスを前に、先刻から途方にくれていた。

　この男は、自分にたいする祭司長や律法学者の不利な証言のあいだ中、ひと言も弁明しないだけでなく、沈黙を押しとおしつづけている。不思議な男だ、とピラトは思った。いったい、何の罪で、この男はここへ連れてこられたのか。

　ピラトは、過越の祭りの日には、自分の権限で囚人ひとりを赦免することができるという定めを、この不幸な男に適用しようと思い、集まってきた群衆に向かって言った。

お前たちは、だれを赦してほしいか。強盗のバラバか、それともキリストと言われるこの男か。

　マタイ記者によると、ローマ人のピラトは偽証《ぎしょう》のにおいを敏感に嗅《か》ぎ当てていたという。

　ピラトは思った。この男は、人にねたまれただけなのだ。

十字架を担うキリスト　ジョヴァンニ・バッティスタ・ティエーポロ（1696～1770）1738年頃　ベルリン、国立絵画館
ティエーポロは、明るく軽やかな色彩で、創意と寓意に富む大規模装飾画を描いた18世紀ヴェネツィア絵画の巨匠。作品は、ヴェネツィアのサン・アルヴィーゼ聖堂の《受難三連画》の中央部分のための下絵で、砂塵に煙る大気の中、イエスの十字架の道行きが雄大なスケールで捉えられている。

一方、ユダヤの祭司長や長老たちは、イエスを聞きしにまさる危険な人物と断定していた。彼は民衆の前で、公然と彼らの権威に挑戦し、それをあざ笑ったのだ。今さら、イエスを赦すことなどあり得ない。それは、思いもよらないことだった。

彼らは群衆に向かって、イエスではなく、バラバの赦免《しゃめん》を求めるように煽動《せんどう》した。群衆は、彼らの狡猾《こうかつ》さを知らない。ピラトに向かって、「バラバを！　バラバを！」と叫ぶばかりであった。以下、マルコ記者の記録を引用する。

そこでピラトはあらためて言った。「それでは、ユダヤの王とお前たちが言っているあの者については、どうしてほしいのか」

群衆は、また叫んだ。「十字架につけよ」

ピラトは言った。「いったい、どんな悪事を働いたというのか」。群衆は、ますます激しく、「十字架につけよ」と叫びたてた。ピラトは群衆の叫びに引きずられるように、バラバを釈放した。イエスは、その場で鞭《むち》打たれ、十字架につけられるために、兵士たちの手に引き渡された。兵士たちは、イエスに紫の服を着せ、茨《いばら》の冠《かんむり》をかぶらせ、

▼キリスト降下　レンブラント(?)　1634年頃
サンクト・ペテルブルグ、エルミタージュ美術館
レンブラント周辺の画家の手に帰されている夜景画の大作。釘を抜かれ崩れ落ちるイエスの亡骸。十字架の下で聖母が気を失い、前景では女性たちが聖骸布を広げている。

▲キリストの磔刑　ヤン・ファン・エイク(1390頃～1441)
ニューヨーク、メトロポリタン美術館
ゴルゴタの丘の上り斜面。十字架の下には、兵士たちがひしめきあい、息絶えたイエスの死の静寂と前景に崩れ伏す聖母の悲痛さを際だたせている。

葦《あし》の棒で頭をたたき、唾《つば》を吐きかけ、「ユダヤ人の王、万歳」と言って拝んだりした。（マルコ15章6―18節）

このようにして、イエスは侮辱され、十字架につけられるために、ゴルゴタ（その意味は「されこうべ」）というところに連れて行かれた、とマルコ記者は書いている。

兵士たちは、イエスを十字架につけると、くじを引いて、その服を分け合った。それは朝の九時ごろであった。

昼の十二時になると、全地は暗くなり、三時までつづいた。

そして三時にイエスは大声で、「エロ

イ、エロイ、ラマ、サバクタニ」と叫んで息絶えた。それは、「わが神、わが神、どうしてわたしをお見捨てになったのですか」という意味である。その時、神殿の垂れ幕が、上から下まで真っぷたつに裂けた。午後三時であった。イエスの母マリア、マグダラのマリア、そしてサロメが、遠くからイエスの死を見守った。

すでに夕暮れがはじまっていた。その日は、ユダヤの安息日の前日であったので、アリマタヤ出身で身分の高い議員であるヨセフがイエスの遺体を引き取らせて欲しいと、勇気をだしてピラトに願い出て、その許しを得た。

ヨセフは亜麻布《あまぬの》を買い求め、イエスを十字架から降ろしてその布で巻き、岩をうがってつくった墓の中に納め、墓の入口には石を転がしておいた。(マルコ15章46節)

このようにして、すべては終わった。マグダラのマリアとイエスの母マリアが、イエスの遺体を納めた場所を見とどけた、とマルコ記者は書き、この悲しみの章を閉じている。

▲ピエタ　ロッソ・フィオレンティーノ　1535～40年頃　パリ、ルーヴル美術館
「哀れみ」、「敬虔」などを意味するイタリア語であるピエタは、ビザンティン美術に起源をもち、中世の宗教文学の影響によって生まれた、十字架から降ろされたイエスの遺体を前にした聖母の悲しみを表す主題。作品は、パリへ赴いたロッソの晩年の傑作で、放心する聖母の姿が、夢幻的な浮遊感とともに描かれている。

▼キリスト哀悼　アルノルト・ベックリーン(1827～1901)　1876年　ベルリン、国立絵画館
ドイツ象徴主義絵画を代表する画家の一人ベックリーンが、生涯に描いた約25点の宗教画の1点で、ウィーン万博で初公開された。ベックリーンの作品において「死」はきわめて重要な主題であり、大仰な身振りでイエスの死を悼むマグダラのマリアは、伝統的ピエタ図像の変形を試みた1867年の《キリストの死を嘆くマグダラのマリア》に由来する。

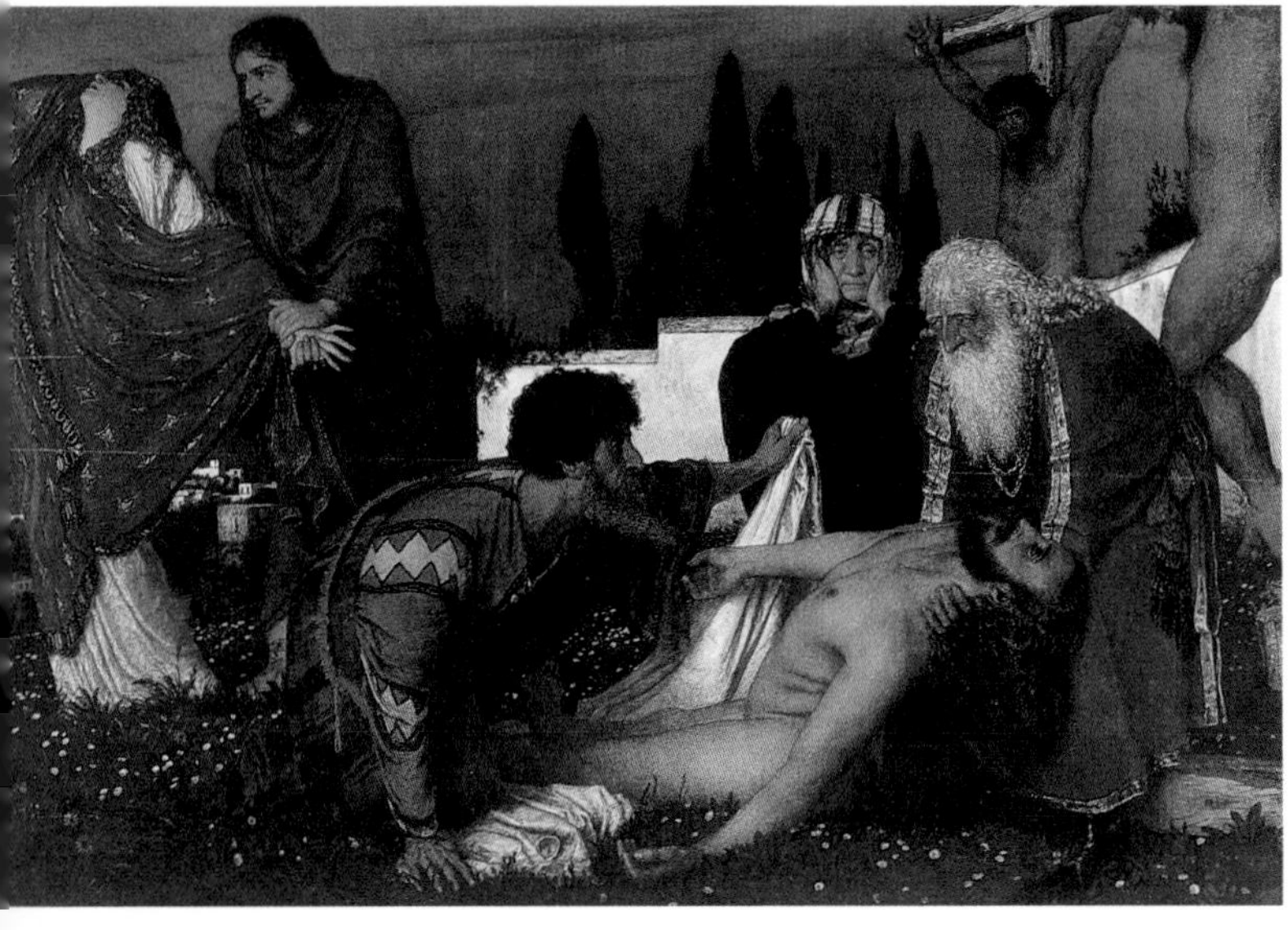

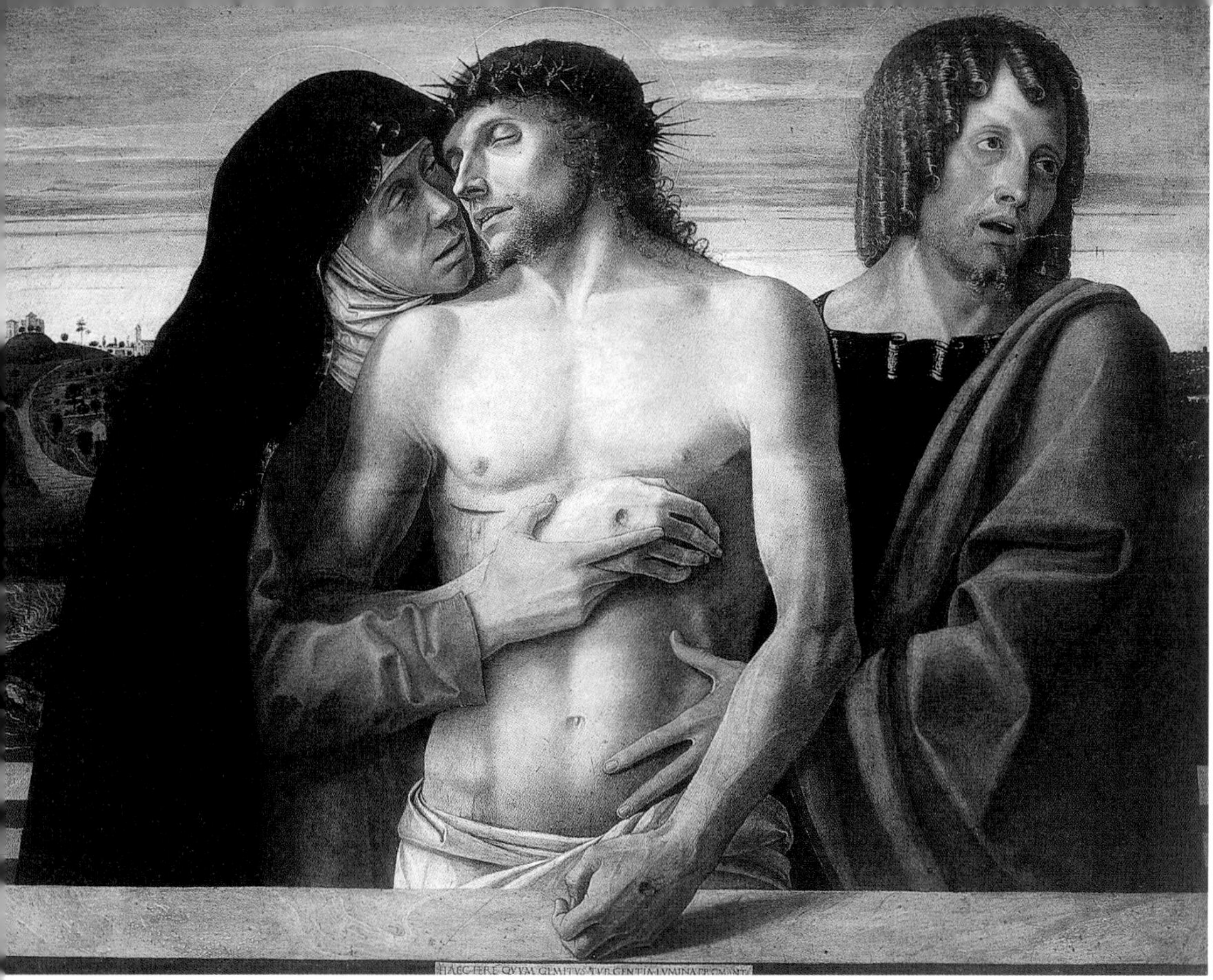

▲ピエタ　ジョヴァンニ・ベリーニ
1460年　ミラノ、ブレラ絵画館
夜明けの光の中、息絶えたイエスを支え合う聖母とヨハネ。《オリーブ山での祈り》の一年後の作品で、緊密かつ変化に富む人物の構成と荒涼とした風景、冷たい大気さえも感じさせる光の描写によって悲痛な主題を統合し、ベリーニ芸術の確立を示した。

◀キリストの埋葬　ティツィアーノ・ヴェチェリオ（1488/90頃～1576）　1525年頃　パリ、ルーヴル美術館
ヴェネツィアの盛期ルネサンスの巨匠ティツィアーノの初期宗教画の傑作。夕暮れの最後の光の中、亜麻布に包んだイエスの亡骸を墓へ運ぶ人物は、おそらく左からアリマタヤのヨセフ、ヨハネ、ニコデモとみなされ、左端でマグダラのマリアが聖母を支えている。

◉終章

復活の証人と神の国運動の行方

1 復活の証人たち

第一話　マグダラのマリア（ヨハネ20章、マルコ16章、マタイ28章）

マグダラのマリアが墓に着いたのは、週の初めの日、まだ夜明け前のことだった。ところが、墓に着いてよく見ると、不思議なことに、墓の入口にころがしておいたはずの大きな石が取りのけられ、イエスの遺体があとかたもなく消えている。マリアは驚き、急ぎペテロのもとへとって返し、彼女が目撃した異変を告げた。ペテロらが駆けつけ、墓穴に入ってのぞいて見ると、やはりイエスの遺体は影も形もなく、遺体を包んだ亜麻布と頭部をおおった布が、離れたところにばらばらに丸めてあるばかり。彼らは、それを見ただけで引き返した。いったい、何事が起こったのか。彼らは、イエスの復活について少しも理解していなかった、とヨハネ記者は書いている。

イエスがマリアにあらわれるのは、その直後のことである。ヨハネ記者の記録を引用する。

（そのとき）マリアは、墓の外に立って泣いていた。泣きながら身をかがめて墓の中を見ると、イエスの遺体が置いてあったところに、白い衣《ころも》を着たふたりの人がいる。そのひとりが、マリアに言った。

アヴェロルディ家の祭壇画　ティツィアーノ　1519～22年
ブレーシャ、サンティ・ナッザロ・エ・チェルソ聖堂
イエスが自ら墓を脱出する図像は福音書の記述に基づくものではなく、11世紀以降、西欧で、信仰の必要から生まれたと考えられている。多翼祭壇画の中央パネルをなす本作では、イエスは死への勝利を示す旗を手に中空に飛び上がり、下方で墓の見張りをしていた二人の夜警が復活を目撃している。

「なぜ泣いているのですか」

マリアが答えた。

「だれかが、わたしの主の亡骸《なきがら》を持ち去ったのです。どこにいったか、わからないのです」。そう言って、後ろを振り向くと、そこにだれかが立っていた。

その人が言った。

「女よ、なぜ泣いているのか。だれを捜しているのか」

マリアは、その人は墓守にちがいない、と思って言った。

「もしもあなたが、わたしの主をどこかへ移したのでしたら、どうぞおっしゃってください。わたしが引き取ります」

すると、その人は彼女に言った。

「マリアよ」

マリアが驚いて振り返る。

するとそこにイエスが立っていた。マリアは、思わず「ラボニ」（ヘブライ語で先生の意）と言って、駆け寄った。

イエスが、言った。

「わたしにふれてはならない。わたしはまだ、天の父のもとに帰っていないのだから」

これがヨハネ記者の記録するイエスの復活物語の第一話。

マリアは、弟子たちのところに行くと、彼女が見たとおりのことをそのまま伝えた、とヨハネ記者は書いている。

第二話　エマオの道（ルカ24章13—35節、マルコ16章12—13節）

その同じ日。エルサレムから七マイル

キリストの墓を訪れる女性たち　1228年以前　セルビア、ミレシェヴァ修道院主聖堂　ナオス・フレスコ
イエスの復活について、各福音書は細部で一致していない。ミレシェヴァでは、マタイによる福音書に従って、イエスの墓に参る女性の数を二人とした。純白の衣を纏った天使が、墓の入口を塞いでいた石に座り、空の墓を指さしてイエスの復活を告げている。墓には、遺体を包んでいた布だけが残されていた。

ノリ・メ・タンゲレ（我に触れるな）　フェデリコ・バロッチ　1590年頃　フィレンツェ、ウフィツィ美術館
マグダラのマリアに姿を現す復活のイエス。画面を浸す甘美な感傷性は、バロッチが称賛したコレッジョの影響を、鮮やかな色彩効果はヴェネツィア絵画の影響を示している。

ほど離れたエマオに向かう道の途上で、第二の不思議な出来事が起こった。

　ふたりの弟子がそれを経験した。その日、彼らは、エマオという村へ向かって歩いていた。歩きながら、この数日、エルサレムで起こった悲しい出来事を互いに語り合っていた。あまりにも痛ましい出来事の連続であったのだ。

　そのとき、ひとりの旅人が彼らに近づき、いつの間にか、ならんで歩いていることに彼らは気づかなかった。その人が彼らにたずねた。

その話というのは、いったい何のことですか。

　ふたりは、暗い顔をして立ち止まった。ひとりが答えた。

エルサレムに滞在していながら、この数日そこで起こったことをご存知なかったのですか。

　それから彼らは、ナザレのイエスが十字架につけられてから、今日で三日目になること、ところが今朝、仲間の女性たちが墓に行ってみると、墓の中はもぬけのからであったこと、途方にくれていると天使があらわれ、イエスは生きていると告げられたことなどを、旅人に語った。

　旅人は、黙って聞いていたが、やがて

▲エマオへの道　レリオ・オルシ（1511頃～87）　ロンドン、ナショナル・ギャラリー
杖を持つ巡礼姿の3人のうち、中央の白衣の人物がイエス。オルシは、イタリアのパルマ派の画家。

▶ノリ・メ・タンゲレ　コレッジョ　1522～24年頃　マドリード、プラド美術館
ローマで、ラファエロとミケランジェロの盛期ルネサンスの様式を学んだコレッジョの円熟期の作品。交錯する眼差しに横溢する強い感情とその抑制は、この場面を甘くロマンティックなドラマへと変貌させている。イエスの傍らには、マグダラのマリアがイエスを墓の番人と錯覚した経緯にちなみ麦藁帽子と鍬が置かれている。

エマオの晩餐　カラヴァッジョ　1600～01年頃　ロンドン、ナショナル・ギャラリー
弟子たちがイエスと気づく劇的一瞬。カラヴァッジョは、マルコによる福音書に従って、イエスを「別の姿」――無髭の若者として描いている。

語りはじめた。

ああ、あなたがたは心が鈍いために、預言者が語ったことを信じることができないのです。キリストは、苦しみを受けたのち、神の栄光に入ると言ったはずではなかったのですか。

旅人はそのように語り、それからキリストについて書いてあることを、聖書全体にわたり、ひとつひとつていねいに説きあかしをした。聞きながらふたりの心は燃えてゆく。このようにしてエマオの村に到着し、なおも先へ行こうとする旅人を無理にひきとめ、いっしょに食卓に着いたときのことだ。

旅人はパンを取り、賛美の祈りを唱え、パンを裂いて、ふたりに渡した。するとそのとき、とつぜん弟子たちの目がひらけ、目の前にいる旅人が、イエスであることに気がついたのだ。だが、次の瞬間、イエスの姿はかき消すように、彼らの視界から消える。ふたりの弟子は急ぎエルサレムに引き返すと、その不思議な経験を仲間たちに話して聞かせた。

第三話　ガリラヤ湖のイエス（ヨハネ21章1―14節）

その後、イエスはガリラヤ湖（別名ティベリアス湖）の岸辺で、漁をしていた弟子たちにあらわれた。シモン・ペテロ、トマス、ナタナエルその他の弟子たちが、それを自分の目で確かめた。

その夜は、一晩中、なんの獲物もなく、彼らは疲れ果てて、明け方近く漁からもどりつつあった。舟が岸辺に近づいたとき、何者かが湖岸に立っているのを彼らは見た。それはイエスであったのだが、彼らはそのことに気づかなかった。

その人が彼らに言った。「なにか、食べる物はあるか」

彼らが「何もありません」と答えると、その人は「舟の右側に網を打つがよい。そうすればとれる」と言った。そこで、言われたとおりにすると、たちまち一度に大量の魚が網にかかり、網を引きあげることができないほどだった。そのとき、ひとりの弟子がペテロに向かって叫んだ。「あの方は主だ」。ペテロはそれを聞くと、裸同然だったので、上着をまとって湖水に飛び込み、岸辺に向かって泳ぎはじめた。ほかの弟子たちは、魚のかかった網を引いて、岸辺に漕ぎつけた。陸に上がってみると、炭火がおこしてあり、その上に、魚とパンがのせてあった。イエスが、パンを取って裂き、弟子たちに分け与えた。魚も同じようにした。一同のうち、ひとりとして、それがイエスであることを疑う者はいなかった。イエスが死者の中から復活したのち、弟子たちにあらわれたのは、これが三度目である、とヨハネ記者は書いている。

ペテロへの委託　ヤーコプ・ヨルダーンス（1593〜1678）1616〜17年頃　アントウェルペン、シント・ヤーコプ聖堂
ガリラヤ湖畔に現れたイエスは、食事の後、ペテロに「私の羊を飼いなさい」と告げる（ヨハネ21：1－17）。ヨルダーンスは、リュベンスの多大な影響を受けつつ、躍動感と活力に溢れた画風を得意としたアントウェルペン出身の画家。

2 五旬節《ごじゅんせつ》の日に（使徒行伝2章）

過越の祭りから五十日目の祭りの日、ペテロをはじめとする一同が集まっていると、とつぜん、はげしい風の音が天からわき起こり、それが家いっぱいに響きわたったかと思うと、舌のようなものが、めらめらと燃えひろがり、ひとりびとりの上にとどまった。すると不思議なことに、一同は酒に酔ったようになり、いろいろな国の言葉で語りはじめた。

家中が騒然となり、異様な空気に包まれた。その物音に、おおぜいの人びとが駆けつけ、彼らを見ると、あっけにとられて言った。

この人たちは皆、ガリラヤびとではないか。それなのにどうして私たちは自分の生まれ故郷の言葉を聞くのだろうか。

彼らの中には、さまざまな国からエルサレムにもどってきた信心深いユダヤ人がたくさんまじっていたのだが、それだけではなく、なかにはローマから来て滞在中の者もいれば、ギリシアのクレタやアラビアから来ている者もいたのに、それぞれが自分の国の言葉を耳にしたからである。

人びとは一様に驚き、なかには戸惑いを隠さず、「あの人たちは、新しいぶどう酒に酔っているのだ」とあざける者もいた。

ペテロはそれを聞くと、十一人の仲間といっしょに立ち上がり、声を大にして語りはじめた。

ユダヤの人たち、エルサレムに住むすべての方がた、この人たちは、決して酒に酔っているのではありません。どうか、わたしの語ることを聞いてください。ナザレびとイエスは、数々の不思議と奇跡とによって、神から遣わされた者であることを示されましたが、不法な仕方で十字架につけられて殺されました。ところが神は、そのイエスを死の苦しみから解放され、復活させられたのです。わたしたちは皆、証人なのです。

人びとは、ペテロの語る言葉に強く心を動かされ、「いったい、わたしたちは、どうすればよいのですか」と口々にたずねた。

ペテロが言った。

悔い改めなさい。そして罪の赦しを得るために、イエス・キリストの名によって、バプテスマを受けなさい。

ペテロは、なお多くのことを語り、この曲がった時代から救われるように、人びとにすすめた。使徒行伝の記者ルカによると、この日、バプテスマを受け、あらたに仲間に加わった者の数は三千人。信者たちは、主イエスの教えに従い、いっさいの物を共有し、資産や持ち物を売って、ともに分かち合い、日々心をひとつにし、喜びと真心とをもって互いに仕え合った、と書いている。

聖霊降臨　エル・グレコ　1600年頃　マドリード、プラド美術館
十二使徒の頭上で輝く、舌のような炎。キリスト教会の誕生を示す《聖霊降臨》の図像では、使徒行伝中にこの場に居合わせた記述のない聖母の姿がキリスト教会の象徴として中央に描かれた。作品は、グレコのスペイン時代後期のもので、光と闇の激しい対比、炎のようにゆらめくフォルム、前景の使徒の長く引き延ばされたプロポーションは、晩年の夢幻的様式の開始を告げている。

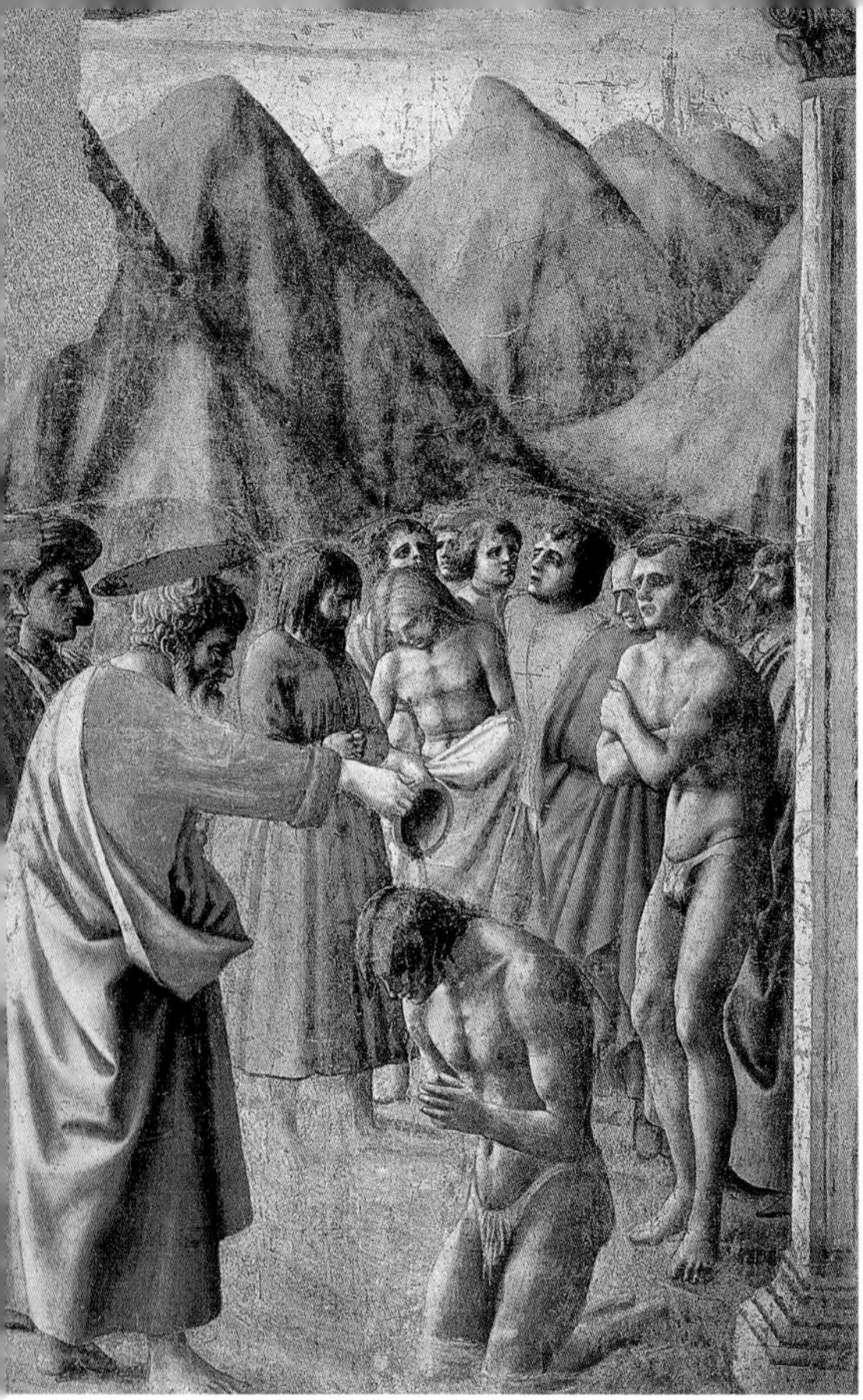

▲**洗礼を施すペテロ**　マザッチョ 1424/25～27年
フィレンツェ、ブランカッチ礼拝堂
マザッチョの特徴であるリアルな自然主義は、ここでは男性裸体像の解剖学的正確さや堅固な造形に、また洗礼を待つ彼らの様々な仕草の描写にあらわれている。

▲**説教するペテロ**　マゾリーノ・ダ・パニカーレ（1383/84～1440/47頃）1424/25～27年　フィレンツェ、サンタ・マリア・デル・カルミネ聖堂ブランカッチ礼拝堂
フィレンツェの富裕な商人フェリーチェ・ブランカッチの家族礼拝堂であるブランカッチ礼拝堂の壁画装飾は、1423年にマゾリーノとマザッチョに依頼された。壁画は、『ペテロ伝』を主題とし、14世紀の国際ゴシック様式を継ぐ優雅な画風をもつマゾリーノは、若いマザッチョの革新的な自然主義の影響を受け、堂々とした量感を備えたペテロを描いている。

3

迫害の火の手

（使徒行伝3、4章）

ある日のこと、ペテロとヨハネが、午後三時の祈りのために、宮に入ろうとしていると、生まれながら足の不自由な男が、人びとにかかえられてやって来た。この男は、宮参りにくる人びとに、憐《あわ》れみの施しを乞うため、毎日「美《うつく》しの門」と呼ばれる門の前に運ばれて来ていたのだ。

彼は宮に入るペテロとヨハネを見て、憐れみを乞い求めた。ペテロが言った。

わたしたちを見なさい。わたしには金銀はない。だが、わたしにあるものをあげよう。ナザレびとイエス・キリストの名によって歩きなさい。

こう言って、男の右手をとって起こしてやると、たちどころに足とくるぶしが

▲タビタの蘇生と足なえの治癒　マゾリーノ　1424/25〜27年　フィレンツェ、ブランカッチ礼拝堂
左側に宮の前でペテロとヨハネに施しを求めた足なえの治癒の物語、右側にヤッファで病死した女性の弟子タビタをペテロが蘇生させる物語（使徒行伝9:36―43）が異時同図表現で描かれている。画面中央では、マゾリーノ本来の宮廷的様式を示す二人の若者が、優雅に歩みつつ二つの場面を結んでいる。

強くなり、男は踊《おど》りあがって歩きはじめた。

人びとは、ひどく驚き、ペテロの周囲に人垣ができた。ペテロは人びとに向かって、イエスのよみがえりの不思議を語り、自分たちは皆、その証人であると言った。驚きの声が、波紋のように広がっていった。

ペテロとヨハネがなおも語りつづけていたとき、祭司や宮守頭《みやもりがしら》が近づいてきて、やにわにふたりを逮捕し、獄舎に拘留した。ふたりが、十字架で処刑されたイエスが復活したなどと、人びとに宣伝していることに危険を感じたからである。

翌日、大祭司のカヤペをはじめ、多くの学者、長老、祭司が招集され、ふたりの訊問が開始された。

お前たちは、いったい何の権威によって、このようなことをしたのか。

ペテロが答えた。

もしわたしたちが取り調べられているのが、病人を癒《いや》したためであるのなら、よく知っていただきたい。わたしたちは、あなたがたが十字架につけて殺したイエス・キリストの御名《みな》によって癒したのであり、この方による以外、いかなる救いもないと確信しているからです……。

彼らは、ペテロとヨハネの大胆な話しぶりに驚いた。ふたりが、無学な、ただの人であると思っていたからである。彼らに癒された者が、すぐそばで成り行きを見守っているところでは、全くのところ返す言葉もなく、彼らはひとまずふたりを釈放した。釈放されたふたりが仲間たちのところにもどると、一同は喜び、声をあげて祈りはじめた。

主よ、いまこそ、彼らの脅迫と戦うために、大胆に主の御言葉《みことば》を語ることができますように、わたしたちに力を与えてください。そして、あなたの御名《みな》によって、奇跡をおこなわせてください。

4 ステパノの殉教
（使徒行伝6、7章）

このようにして、多くの奇跡がおこなわれ、主を信じる者の数は日ごとに増えていった。寝たきりの病人やひとりで動けない者は、寝台や寝床のまま大通りに運ばれて来て、ペテロが通るのを待った。悪霊につかれた者、汚《けが》れた霊に苦しむ者も、エルサレム付近の町から大ぜい連れて来られた。ペテロは、こうしたすべての病人を癒し、数々の不思議をおこなった。民衆は、その力に感嘆し、信者の数は増えつづけた。ペテロたちのめざましい活躍に不安にかられた大祭司と長老たちは、使徒たちを片っ端から捕らえては、留置場に監禁した。やがて開始される嵐のような迫害のはじまりである。こうした中に、ステパノという信者がいた。その日も彼は、クレネやアレクサンドリアやキリキアなどから来た人びとを相手に論争を戦わせていたが、ステパノとの議論に勝ち目のないことを知った彼らは、卑劣《ひれつ》な手段で律法学者らを煽動《せんどう》し、ステパノを捕らえて議会に連行させた。彼らは偽証して言った。

この男は、宮と律法とを冒瀆《ぼうとく》し、モーセを汚す言葉を吐きました。

並み居る議員たちは、ステパノを注視した。ルカ記者は、そのとき、ステパノの顔が天使のように輝いて見えた、と書いている。（使徒行伝6章15節）

大祭司が言った。

そのとおりに間違いないか。

ここから、ステパノの有名な長い弁説がはじまるのだが、彼は、モーセにあらわれた神の言葉を引きながら、人間の手によらない、まことの神の家について、代々の預言者たちが語り継ぎ、語り伝えたことを説きあかした。彼は、その長い弁説をこう結んだ。

いと高きところに住まう神は、人の手になる家にお住まいにはならない。このことは、預言者も語っているとおりです。ああ、あなたがたは強情《ごうじょう》で、預言者の語る言葉に逆らっている。いったい、あなたがたの先祖が迫害しなかった預言者が、ひとりでもいたでしょうか。彼らは、救い主について預言した人たちを殺しました。今、あなたがたは、その殺す者となったのです……。

己の影を投じて病者を癒すペテロ　マザッチョ 1424/25～27年　フィレンツェ、ブランカッチ礼拝堂
人々は、せめてペテロの影だけでも病人にかかるように、彼らを通りに運んだ。画面前景には、ヨハネと共に決然と進むペテロとその影に入る病人の姿が、後方には去りゆくペテロに思わず合掌する癒やされた人々の姿が描かれている。「ルネサンス芸術のアトリエ」と呼ばれ、後に多くの画家が学ぶブランカッチ礼拝堂の壁画制作を手がけた2年後、マザッチョは27歳の若さで急逝した。

これを聞いた律法学者や祭司長は、はげしい憤怒《ふんぬ》の炎に燃え、ステパノに向かって歯ぎしりした、とルカ記者は書いている。

　このようにしてステパノは、エルサレムの城門の外に引きずり出され、殺到した民衆によって石打ちの刑に処せられ、壮絶《そうぜつ》な殉教の死をとげた。

　記録によると、民衆がステパノに石を投げつけているあいだ、彼はこう祈りつづけていたという。


主よ、わたしの霊を御手《みて》にゆだねます。

この罪を彼らに負わせないでください。

5 使徒パウロの登場

こうした迫害に狂奔《きょうほん》するユダヤ教パリサイ派のもっとも熱心な集団の中から、やがてキリスト教の世界的布教の使命を担う使徒パウロが登場する。

　パウロの活躍した時代は、紀元四〇年代の後半から五〇年代の終わりの約十年間。ローマ皇帝クラウディウスの治世（四一—五四年）から皇帝ネロの治世（五四—六八年）の前半にあたる。歴史的にみると、ローマにたいする反体制運動が激化しつつあった時期と重なる。

　パウロがどのような仕方でイエスと出会い、劇的な回心を経験し、布教者の役割を果たすことになるのか。ここでは使徒行伝を書いたルカ記者の記録を中心

▲寡婦たちに説教するステパノ、サンヘドリンで論議するステパノ　フラ・アンジェリコ　1447～50年　ヴァティカーノ宮ニッコロ5世礼拝堂
初期キリスト教時代の殉教聖人伝を主題とした教皇ニコラウス5世の個人礼拝堂のための壁画連作の一部。左側に十二使徒の要請を受けて信者の共同体の世話をするステパノ、右側に捕らえられ最高法院（サンヘドリン）で審問に応えるステパノが描かれている。

▼ステパノの石打ち　アダム・エルスハイマー（1578～1610）　1602年頃　エディンバラ、スコットランド国立美術館
エルスハイマーは、10年間滞在したローマでカラヴァッジョの明暗法を学び、その効果をドイツ風の風景画に活用したフランクフルト出身の画家。銅板の上に小さな作品を描くことを得意とし、この作品も銅板上に描かれている。

に、その経過をたどる。

　ルカ記者によると、パウロ（回心前のユダヤ教徒としての名はサウロ）は、ローマ帝国の属州キリキア（現シリア）のタルソに生まれた。タルソという町は、いわゆる「外人共同体」と呼ばれ、ローマ皇帝によって「自由免税都市」として認定された特別な都市であり、有産市民層の家族にはローマ市民権が与えられていた。パウロの家が、すでに先祖の代からローマ市民であった事実は、そうした背景から理解される。両親ともユダヤ人であり、彼は少年時代をとおしてエルサレムに住むユダヤ教徒として教育を受けた。ユダヤ教の教育は、職業訓練と結びついており、パウロはそこで、テント作りの革細工師《かわざいくし》としての職業教育を受けている。

　そうした彼が、なぜにキリスト教徒にたいして熱心な攻撃者となったのか。

　理由は二つほどあげられる。第一は、ユダヤの伝統的神殿礼拝に向けられたキリスト教徒の批判と告発への怒り。それは、ステパノの弁説にたいするユダヤ祭司長らの憤激《ふんげき》に通じている。

　第二は、ユダヤ教の排他的選民思想に向けられたキリスト教徒による批判。これは、イエスの神の国運動が、ユダヤのどのような社会階層の人びとに向かって開かれていたかをみればわかる。ユダヤ社会の律法学者、祭司、長老など上層階級からすれば、それはまことに我慢のならない神を冒瀆《ぼうとく》する運動だったのだ。

　ルカ記者は、パウロがステパノの石打ちの処刑に直接加担したと書いている。どれほど、彼がキリスト教徒を憎んでいたか。それは、パウロが、いかに激しく教会を荒らしまわり、信徒の家に押し入って彼らを捕らえ、獄吏《ごくり》に引き渡す仕事に没頭《ぼっとう》していたか、その事実が証明している。

　そうした最中《さなか》、幻のイエスと出会ったのだ。ダマスコへの途上であった。以下、ルカ記者の記述を、そのまま引用する。

　さて、サウロは、なおも主の弟子にたいする脅迫、殺害の息をはずませながら、大祭司のところに行って、ダマスコの諸会堂あての添書《てんしょ》を求めた。それは、この道の者を見つけしだい、男女の別なく縛りあげて、エルサレムに引っぱって来るためであった。ところが、道を急いでダマスコの近くに来たとき、とつぜん、天から光がさして、彼をめぐり照らした。彼は地に倒れたが、

サウロの回心　ピーテル・ブリューゲル（父）　1567年　ウィーン、美術史美術館
高く険しい山の尾根を伝い、行軍する数千の軍勢。対角線の交点付近には、兵士に埋もれるように、落馬するサウロの姿が小さく見える。峻厳な山岳風景には、1552年頃からイタリアに赴き往路・帰路ともアルプスを越えた画家の経験が、またサウロのダマスコ侵攻の描写には、スペインによるネーデルラントの弾圧という16世紀半ばの政治情勢が反映されていると言われている。

　そのとき「サウロ、サウロ、なぜわたしを迫害するのか」と呼びかける声を聞いた。そこで彼は、「主よ、あなたは、どなたですか」とたずねた。すると答えがあった。「わたしはあなたが迫害しているイエスである」（使徒行伝9章1―5節）

　サウロは地面から起きあがり、目を開いてみたが、何も見えなかった。彼は同行者に手を引かれ、ダマスコへたどり着くが、そのまま三日間、目は見えず、食べることも飲むこともできなかった。失明したサウロが、ダマスコに住むキリスト教徒に導かれ、三日後、「目からうろこが落ちた」ように見えるようになり、ついにバプテスマを受ける経緯《けいい》は、まことに劇的と言うほかない。

　数日後、彼がダマスコのユダヤ教徒の会堂に立ち、主イエスについての教えを語りはじめるのを聞いたとき、人びとは驚き、あぜんとして、こうつぶやいたと

サウロの回心　パルミジャニーノ（1503～40）　1527～28年　ウィーン、美術史美術館
電光の如き啓示の光を浴びて落馬し、必死の形相で天を仰ぐサウロ。画面は、強度の明暗対比と激しい色彩によってただならぬ気配を濃厚に漂わせている。パルマ出身の画家パルミジャニーノは、その奇想と優美・知的な造形でイタリアの初期マニエリスムを代表する画家。

廃墟における使徒パウロの説教（部分）　ジョヴァンニ・パオロ・パニーニ（1691/92～1765）　1744年　サンクト・ペテルブルグ、エルミタージュ美術館
イオニア式オーダーの残る古代神殿の廃墟とパウロを中心とした人物集団が、画趣に富む光景を作り出している。パニーニは、18世紀ローマで流行した、正確な透視図法によって都市や古代遺跡のある情景を描くヴェドゥータ（場景）絵画の第一人者。

いう。

あの男は、エルサレムでイエスの仲間を苦しめた男ではないか。ここに来たのも、彼らを縛りあげるためではなかったか。それが、いったい、どうしたことだ。

しかし、サウロは、日ましに力をとりもどし、イエスについて、人びとに向かって力強く語りはじめた、とルカ記者は書いている。使徒パウロの誕生である。

6 「主よ、いずこへ」

このようにして、ユダヤの辺境の地ガリラヤに誕生した小さな神の国運動が、イエスの死後、ペテロを頭《かしら》とする十二使徒たちとその熱心な支持者たちの命がけの働きによって、ユダヤ全土にひろめられ、その後あらたに加わった使徒パウロの活躍により、ギリシア、ローマの地中海世界にひろめられていくさまを、ルカ記者は力強く、生き生きと描き出した。それが『使徒行伝』である。ルカによると、それはすべて「主のおどろくべき御業《みわざ》」だったと言う。

使徒パウロの生涯について言えば、三回にわたる長途の伝道旅行をとおして、七度も獄舎《ごくしゃ》につながれ、逃亡者となり、石打ちの刑を加えられ、権力者たちの前で大胆にその信仰を告白したのち、ネロ帝の治世の、おそらくは六十年代の前半にあたる不確定なある時期に、ローマの地で殉教した。最後の運命の数年は、全く不明のままであり、実際のところ、競技場に放たれた野獣の餌食にならなかったという証拠さえ提出することはむずかしい。

使徒ペテロの運命についても同様である。彼ほどイエスから愛され、信頼された弟子はほかにはいない。イエスの死後、残された信徒たちを導き、とりわけユダヤ教徒の改宗に全力を傾け、その名のとおりに、教会の「岩《ペテロ》」としての働きをまっとうしたが、晩年、もはや確定できないある時期に、ローマにわたり、捕らえられて官憲の手に引き渡され、殉教の死をとげたと伝えられる。

彼がなぜ晩年になって、迫害の火の燃

使徒《しと》

ギリシア語では「アポストロス」。「使者《ししゃ》」あるいは「遣《つか》わされたもの」を意味する。とくに宗教的意味はなく、軍隊の海外派遣などに使用された。この言葉に「使徒」というとくべつな権威をあたえたのは福音書。イエスは、イスラエル十二部族にちなんで十二人の弟子を選び十二使徒と名づけて(マルコ6章30節、マタイ10章2節、ルカ6章13節)、ふたつの権威をあたえた。第一は「神の国の教え」をひろめる権威。第二は「悪霊を追放し病人を癒す」権威。権威は、直接イエスから分かちあたえられるプネウマと結合している。これが使徒であることの条件。ただし、パウロは例外である。パウロの場合、彼がみずからを「キリスト・イエスの使徒」(第Ⅰコリント1章1節)とか「異邦人の使徒」(ローマ11章13節、ガラテヤ2章9節)と名のる理由はただひとつ、復活のイエスと出会ったという個人的経験以外にはないからである。そのために他の使徒から批判され、攻撃されたことをパウロは手紙の中で語っている(ガラテヤ1章6節、第Ⅱコリント11章13節、12章12節他)。他に例外は、エルサレム教会の第一人者となった主の兄弟ヤコブの場合。彼は十二人のグループのひとりであるが、使徒とは呼ばれなかったようである。それがなぜかは定かでないが、紀元六六年のユダヤ戦争後、エルサレム教会の権威が実質的に失われてしまったことと関係があるとみる説もある。

えさかるローマの都に渡ったのか。この謎は、いぜんとして空白のまま残されているが、この運命の空白を、ポーランドの作家シェンキェヴィチ（一九〇五年、ノーベル文学賞受賞）は、次のような美しい空想で補った。

ある日、迫害の火の燃えさかるローマを立ち去ろうとする年老いたペテロの目に、光の中から主イエスがあらわれる。夢に見る懐かしいイエスである。ペテロは大地にひざまずくと、イエスに追いすがるように手をさしのべる。イエスは、ローマに行こうとするのか。とたんに、嗚咽《おえつ》がこみあげ、彼は、涙にむせびながら主に向かって言う。

「主よ、いずこへ行かれるのですか」（クォバァディス　ドミネ）」

イエスが答える。

「もしもお前が民を見棄てるなら、わたしがローマに行って、もう一度十字架にかかりましょう」

それを聞くと、ペテロはなにも言わず再び巡礼の杖をとりなおし、七つの丘のみえるローマの都に向かって歩きはじめた……。

『クォバァディス』（岩波文庫・河野与一訳）の終章に近い一場面である。

ペテロは、愛するイエスといっしょに、十字架にかけられ、死んでいったに違いない。

▲ペテロの解放　ラファエロ　1513年　ヴァティカーノ宮ヘリオドロスの間
ヘロデ王に捕らえられたペテロが夜半天使によって救出される物語（使徒行伝12）の異時同図表現で、ラファエロが、教皇ユリウス2世の命を受けて携わったヴァティカーノ宮の装飾事業の一環として描かれた。神の庇護を受けるキリスト教会の首長というメッセージを持つ主題だが、同時に牢の格子越しに輝く薔薇色の天使や画面左側の屋外の情景は、様々な光の効果が探究された革新的な「夜景」表現となっている。

▶ペテロに現れた聖十字架　ティントレット　1555～56年　ヴェネツィア、マドンナ・デル・オルト聖堂、
全キリスト教会の創立者として教皇の祭服を纏った姿で表されたペテロが、突如出現した十字架の幻影におののいている。作品は、マドンナ・デル・オルト聖堂のオルガンの左扉に描かれ、同じくティントレットの手になる《パウロの殉教》と対をなしていた。

おわりに

聖書物語は、ここで終わるが、迫害の嵐は、その後も二百年にわたって地中海世界を吹き荒れた。それが止んだのは、紀元三一三年、ローマ皇帝コンスタンティヌスの宗教寛容令の結果である。世にいう「ミラノ勅令」であるが、これによってキリスト教はローマ世界に公認され、ここに非合法の時代は終結した。

杖一本と下着一枚。そのほかは、何ひとつ所有することを自己に許さず、家を棄て、故郷を棄て、無一物を「宝」に出発したイエスの神の国運動が、どのような経過をへて世界史の檜《ひのき》舞台に躍り出ることになったか。

鎖を解かれたキリスト教は、まるで野火のように、ローマやアテネやアレクサンドリアなど地中海文明の中心都市に燃えひろがり、新しい時代精神の担い手として脚光をあびることになる。

聖アントニウス（二五一年ごろ―三五六年ごろ）や聖アウグスティヌス（三五四―四三〇年）をはじめ、多くの聖者や思想家が輩出する。ここから先の物語は、聖書物語とは別の、西欧世界の複雑で錯綜した教会と世俗国家の権力をめぐる闘争の歴史であり、それはまた、新しい歴史ドラマのはじまりである。

▲修院長聖アントニウスと隠修士聖パウルス　ディエゴ・ベラスケス（1599～1660）　1635～38年頃　マドリード、プラド美術館
老いた聖アントニウスが、苦行者としての先達聖パウルスを荒野に訪ねるという聖人伝に基づく主題。

▲書斎の聖アウグスティヌス　ヴィットーレ・カルパッチョ（1460/65頃～1525/26）　1502年　ヴェネツィア、サン・ジョルジョ・デッリ・スキアヴォーニ同信会
北アフリカに生まれた聖アウグスティヌスは、西方教会の四大教父の一人。作品は、聖ヒエロニムスに宛てて手紙を書く彼に、突如神秘的な光が射し、同刻に死去した聖人の声が伝えられる奇跡の場面で、ヴェネツィアの画家カルパッチョの聖ヒエロニムスを描いた連作の一点。

▶聖母子と聖アントニウスと聖ゲオルギウス　ピサネッロ（1395頃～1455）　1447～48年　ロンドン、ナショナル・ギャラリー
聖アントニウスは、砂漠で祈りと瞑想によるキリスト教修道生活の礎を築いたエジプトの隠修士。髭を蓄えた老修道士として表され、持物として悪魔を退散させる鈴、その脂が疫病に効くという豚などが添えられる。北イタリアのヴェローナを中心に活動したピサネッロの晩年の作品。

◎参考文献

『聖書』日本聖書協会、1988年新共同訳版
『聖書』日本聖書協会、1955年改訳版
荒井献著『イエスとその時代』岩波書店、1974.
荒井献著『トマスによる福音書』講談社、1994.
ブルトマン,R.山形孝夫訳『聖書の伝承と様式』未来社、1967.
クロッペンボルグ他、新免貢訳『Q資料・トマス福音書』日本キリスト教団出版局、1996.
タイセン,G.著　荒井献他訳『イエス運動の社会学』ヨルダン社、1981.
エリザベス・シェスラー・フィレンツァ＝編　日本語版監修＝絹川久子・山口里子『フェミニスト聖書注解』日本キリスト教団出版局、2002.
若桑みどり著『象徴としての女性像』筑摩書房、2000.
山我哲雄・佐藤研著『旧約新約聖書時代史』教文館、1992.
山形孝夫著『レバノンの白い山―古代地中海の神々』未来社、1976.
山形孝夫著『聖書の起源』講談社、1976.
山形孝夫著『聖書物語』岩波書店、1982.
山形孝夫著 『聖書小辞典』 岩波書店、1992.
山形孝夫著『聖書の奇跡物語-治癒神イエスの誕生』朝日新聞社、1991.
山形孝夫『図説聖書物語―旧約篇』河出書房新社、2001.

◎図版関連参考文献

アイスラー、コリン著、高階秀爾監訳『エルミタージュ美術館の絵画』中央公論社、1996.
アイスラー、コリン著、高階秀爾監訳『ベルリン美術館の絵画』中央公論新社、2000.
赤松章(写真)・益田朋幸著『ビザンティン美術への旅』平凡社、1995.
アルガン、ジュリオ・カルロ他著、望月一史訳『新編ウフィーツィ美術館』岩波書店、1997.
グロデッキ、ルイ著、黒江光彦訳『ロマネスクのステンドグラス』岩波書店、1987.
ストイキツァ、ヴィクトル・I著、岡田温司・松原知生訳『絵画の自意識――初期近代におけるタブローの誕生』ありな書房、2001.
『世界美術大全集』第6―20巻、小学館、1994.
辻佐保子監修『ヴァチカン教皇庁図書館展――書物の誕生:写本から印刷へ』印刷博物館、2002.
テュンペル、クリスティアン著、高橋達史訳『レンブラント』中央公論社、1994.
ブエンディーア、ホセ・ロヘリオ／バルドビノス、ホセ・マヌエル・クルス他著、大高保二郎監訳『プラド美術館』岩波書店、1997.
ベスフルグ、フランソワ／ケーニヒ、エバーハルト著、富永良子訳『ベリー公のいとも美しき時禱書』岩波書店、2002.
山形孝夫監修『COLOR BIBLE　聖書』全8巻、小学館、1986.
Acheimastou-Potamianou, Myrtali. *Icons of The Byzantine Museum of Athens*, Archaeological Receipts Fund, Athens, 1998.
Backhouse, Janet. *The Illuminated Page:Ten centuries of manuscript painting*, The British Library, London, 1997.
Kerényi, C. *Asklepios:Archetypal Image of the Physician's Existence*, Pantheon Books Inc., New York, 1959.
Tinterow, Gary., Pantazzi, Michael., Pomaréde, Vincent. (eds.) *Corot*, exh. cat. The Metropolitan Museum of Art, New York, 1996.
Franklin, David. *Rosso in Italy:The Italian Career of Rosso Fiorentino*, Yale University Press, New Haven and London, 1994.
Gli Uffizi:Guida alle collezioni e catalogo completo dei dipinti, Scala, Firenze, 1987.
Kunsthistorisches Museum Wien, Philip Wilson Publishers, London, 1984.
Landau, David., Pershall, Peter. *The Renaissance Print:1470-1550*, Yale University Press, New Haven and London, 1994.
Levey, Michael. (ed.) *The National Gallery Collection*, National Gallery Publications, London, 1987.
Keyes, George., Barkóczi, István., Satkowski, Jane. (eds.) *Treasures of Venice:Paintings from the Museum of Fine Arts, Budapest*, exh. cat. The Minneapolis Institute of Arts, 1995.
Spike, John T. *Masaccio*, Abbeville Press Publishers, New York, 1995.
Susloy, Vitaly. (ed.) *The State Hermitage:Masterpieces from the Museum's Collections*, vol.2, Booth-Clibborn Editions, London, 1994.

新約聖書正典の成立と内容について

①　新約聖書は、二十七の文書からなる。成立年代順に言えば、紀元五〇年代、ローマ帝国の諸地方で執筆されたパウロの手紙が最も早い。これに次いで七〇年から九〇年代初頭にかけて執筆され、編集された四つの福音書と「使徒行伝」が続く。やや遅れて、二世紀前半に書かれた牧会書簡と公同書簡、そして最後に「ヨハネ黙示録」がくる。

②　正典としての成立年代は、紀元三九三年。北アフリカのヒッポーで開かれた教会会議において、初めて二十七巻の文書が正典として確認された。その四年後の第三回カルタゴ教会会議において、正典目録が公布され、二十七の文書の正典性が確立した。

③　新約聖書は、「福音《ふくいん》の部」と「使徒《しと》の部」の二部門から構成されている。「福音の部」は、イエスの生涯を綴った福音書（エウァンゲリオンEuangelion）と呼ばれる四つの文書「マタイ」、「マルコ」、「ルカ」、「ヨハネ」からなる。作者も違えば、執筆年代や書かれた場所もそれぞれ異なる。その限り、それぞれ独立した記録と見られている。四つの福音書のうち、「マルコ」が最も早く、紀元七〇年にはまとまった物語文学の様式をとっていた。「マタイ」と「ルカ」は、「マルコ」の物語様式にならい、それぞれ「マルコ」の一部を資料として使用しながら、独自の資料にもとづいて書かれている。これら三つの福音書が一括して「共観福音書《きょうかんふくいんしょ》」と呼ばれるのは、そうした背景による。一方、「ヨハネ」は旧約聖書に対する見方や、救い主イエスの表象の仕方において、他の福音書とは大きく異なる。そこに「ヨハネ」の独自性がある。

④「使徒の部」は、「使徒行伝」を筆頭に、「パウロ書簡」、「公同書簡」がそれに続く。「使徒行伝」は使徒の布教記録であり、イエス死後の教会と信者たちの活動の記述からなる。とりわけ、回心後のパウロの地中海世界における布教活動を生き生きと描き出した部分は、「パウロ書簡」とともにキリスト教成立の最初期の歴史を伝える貴重な記録である。

⑤「パウロ書簡」として一括される手紙の中には、パウロ真筆の手紙のほかに、パウロの名を用いた信徒の手紙が混在している。パウロの手紙のいくつかは、かなり早いころから地方の教会の間で回覧され、ある教会では礼拝時に朗誦されたことが知られている（コロサイ四―十六参照）。おそらくパウロの手紙は信徒の手によって書き写され、布教のために用いられたと推測される。

「公同書簡」と呼ばれる七通の手紙は、全キリスト教徒にあてて書かれているが、実際にはヨハネの手紙一と二のように、特定の教会に送られた手紙であった公算が高い。書かれた年代は、パウロ以降。パウロの影響が次第に大きくなりつつあった時期に、それに対する批判として執筆されたと推定される。

「黙示録」の著者ヨハネについては、福音書のヨハネとも、手紙のヨハネとも全く違う別人が想定される。教会宛ての手紙の様式をとり、この世に対する間近な神の審判について語りながら、教会を迫害するローマ帝国支配に対し、真っ向から痛烈な批判の刃を向けている。執筆年代は、ドミティアヌス帝によるキリスト教徒弾圧時の九〇年代半ば以降と推定される。

⑥ 新約聖書の二十七の文書は、すべてギリシア語で書かれている。その原本は、もはや失われてしまい、現在残されているのはパピルスと羊皮紙の写本（コデックス）だけである。それも、最初期のパピルスは小断片にすぎず、四世紀から五世紀の羊皮紙の大文字写本だけが頼りである。これらの写本をもとに、原文を復元する作業が継続的に行われてきた。それらの写本の代表的なものを挙げておく。1.ヴァチカン写本（四世紀）、2.シナイ写本（四世紀）、3.アレクサンドリア写本（五世紀）、4.エフラエム写本（五世紀）。

⑦ 今日、新約聖書ギリシア語テキストとして世界中に広く使用されているのは、ネストレ版（Nestle）ギリシア語テキストである。現在、改訂二十七版（一九九三年）が刊行されている。

新約聖書全二十七巻内容一覧

	内容	成立年代
福音の部	マタイ福音書	80年代前半
	マルコ福音書	70年頃
	ルカ福音書	90—95年頃
	ヨハネ福音書	90—95年頃
使徒の部	使徒行伝	90—95年頃
	パウロ書簡（＊印はパウロの真筆と認められるもの）	
	＊ローマの信徒への手紙	56年頃
	＊コリントの信者への第一の手紙	55年頃
	＊コリントの信者への第二の手紙	55年頃
	＊ガラテヤの信者への手紙	54年頃
	エフェソの信者への手紙	100年頃
	＊フィリピの信者への手紙	55年頃
	コロサイの信者への手紙	80—90年頃
	＊テサロニケの信者への第一の手紙	50年代前半
	＊テサロニケの信者への第二の手紙	90—95年頃
	テモテへの第一の手紙（牧会書簡）	100年代前半
	テモテへの第二の手紙（牧会書簡）	100年代前半
	テトスへの手紙（牧会書簡）	100年代前半
	フィレモンへの手紙	50年代前半
	ヘブライ人への手紙	80—90年頃
	公同書簡	
	ヤコブの手紙	100年頃
	ペテロの第一の手紙	90年代前半
	ペテロの第二の手紙	100年代中頃
	ヨハネの第一の手紙	95—100年頃
	ヨハネの第二の手紙	95—100年頃
	ヨハネの第三の手紙	95—100年頃
	ユダの手紙	100年代前半
	ヨハネ黙示録	95年—100年代前半

聖書関連年表

年	関連事項
紀元前	
七二一	アッシリア王サルゴン二世、イスラエル北王国を滅ぼす。預言者ホセア、イザヤの活躍。
六一二	この頃、南王国の預言者エレミヤの活躍。
五九七	新バビロニアのネブカドネザル王、エルサレム侵攻。第一回バビロン捕囚。
五八六	エルサレム陥落、イスラエル南王国滅亡。第二回バビロン捕囚。
五八三	第三回バビロン捕囚。陥落。
五六〇	このころ、第二イザヤの活躍、「悲しみのメシヤ」の到来を預言(南王国)。
五三九	ペルシア王キュロス、バビロニアを征服。
五三八	ペルシア王キュロス、バビロン捕囚のユダヤ人を解放。ユダヤ人のエルサレム帰還。エルサレム神殿再建開始。
五一五	エルサレム神殿完成。
五〇九	ローマに共和政はじまる。
四二八	ユダヤ教の成立?
三五九	マケドニア王国の成立。
三三四	アレクサンドロス大王の東方遠征。ペルシアを破り、地中海世界を制覇。
三二三	アレクサンドロス大王の死。
三〇四	エジプトにプトレマイオス朝成立。
二五〇	この頃、旧約聖書のギリシア語訳はじまる。
一三〇	この頃、クムラン教団活動
四二	ヘロデ、ローマ属州シリアの領主となる。
四〇	ヘロデ、ユダヤの王に即位(〜四)。
三七	ヘロデ、ローマ軍の支援のもとにエルサレムを占領(ヘロデ王国の誕生)。
三一	ユダヤに大地震、クムラン教団壊滅。
二七	アウグストゥス、ローマ皇帝となる(〜後一四)。
二〇	ヘロデ王、エルサレム神殿の大改修に着手。
七	アウグストゥス帝の勅令によるシリア全住民戸籍登録。
六	この頃、イエス誕生か。
四	ヘロデ王の死。王国解体、三分割。ガリラヤはヘロデ王の第二子、ヘロデ・アンティパスが相続、領主となる。
紀元後	
六	ユダヤ、ローマの属州となる。アウグストゥスの勅令によるユダヤの住民登録。

一四	アウグストゥス帝の死。ティベリウス、ローマ皇帝となる(〜三七)。
二六	ポンティオ・ピラト、ユダヤ総督となる。
三〇	ナザレのイエス、ガリラヤを起点に神の国運動を開始、エルサレムで十字架刑。
	この頃、エルサレムに最初の教会成立(ペテロ、ゼベダイの子ヤコブ、ヨハネ)。
三二	ステパノの殉教。
三三	パウロの回心。
三七	アグリッパ一世、ローマ属州シリアの王となる。
	ティベリウス帝の死。ガイウス、ローマ皇帝となる(〜四一)。皇帝礼拝を強要。
三九	ヘロデ・アンティパス、ガリアに追放、ユダヤはアグリッパ一世の領地となる。
四一	ガイウス帝の暗殺。クラウディウス、ローマ皇帝となる(〜五四)。
四二	この頃、アグリッパ一世によるキリスト教徒の迫害。ゼベダイの子ヤコブの殉教。
四七	パウロの第一回伝道旅行(〜四八)
四九	パウロの第二回伝道旅行(〜五二頃)
五三	パウロの第三回伝道旅行(〜五六頃)
五四	クラウディウス帝の暗殺。ネロ、ローマ皇帝となる(〜六八)。
五五	この頃、「ローマの信徒への手紙」、「コリントの信徒への手紙」など。
六一	この頃、パウロ、ローマで殉教。
六四	ローマ市で大火。ネロ、キリスト教徒迫害。
	この頃、ペテロ、ローマで殉教。
六七	第一次ユダヤ戦争(〜七〇)
六八	ネロ、自殺。帝位をめぐる混乱。
七〇	ローマ軍、エルサレム占領。この頃「マルコ福音書」。
八〇	この頃、「マタイ福音書」。
八一	ドミティアヌス、ローマ皇帝となる(〜九六)
九〇	この頃、「ルカ福音書」、「ヨハネ福音書」、「使徒行伝」。
九五	この頃、ドミティアヌス、キリスト教徒の迫害。
	この頃、「ヨハネ黙示録」。
九六	ドミティアヌス帝の暗殺。五賢帝時代始まる。
一一七	ハドリアヌス、ローマ皇帝となる(〜一三八)。
一二五	ハドリアヌス帝、勅令によりキリスト教徒への一定の寛容を示す。
一三二	第二次ユダヤ戦争

●著者略歴

山形孝夫（やまがた・たかお）
一九三二年、仙台に生まれる。東北大学文学部宗教学・宗教史学科卒業。同大学院博士課程単位取得。専攻は宗教学。現在、宮城学院女子大学名誉教授。
著書に、『レバノンの白い山――古代地中海の神々』（未來社）『聖書の起源』（ちくま学芸文庫）『聖書物語』（岩波ジュニア新書）『読む聖書事典』（ちくま学芸文庫）『砂漠の修道院』（平凡社ライブラリー、日本エッセイスト・クラブ賞）『死者と生者のラスト・サパー』（河出書房新社）『黒い海の記憶』（岩波書店）他。翻訳書に、『マグダラのマリアによる福音書』（カレン・L・キング著）、『『ユダ福音書』の謎を解く』（エレーヌ・ペイゲルス、カレン・L・キング著／いずれも山形孝夫・新免貢訳、河出書房新社）他。

●図版解説

山形美加（やまがた・みか）
女子美術大学絵画科（版画）卒業。多摩美術大学大学院美術研究科（版画）修了。東北大学大学院文学研究科（美学・西洋美術史）修了。

●図版提供・協力

赤松章／滝口鉄夫／山形孝夫／WPS

ふくろうの本

新装版
図説 聖書物語 新約篇

二〇〇二年一一月三〇日初版発行
二〇一七年 二 月二八日新装版初版発行
二〇二三年 一 月二〇日新装版初版印刷
二〇二三年 一 月三〇日新装版初版発行

著者……山形孝夫
新装版装幀……松田行正＋杉本聖士（マツダオフィス）
本文デザイン……岡田武彦／吉留直子／鈴木美佐
発行者……小野寺優
発行……株式会社河出書房新社
〒一五一―〇〇五一
東京都渋谷区千駄ヶ谷二―三二―二
電話 〇三―三四〇四―一二〇一（営業）
〇三―三四〇四―八六一一（編集）
https://www.kawade.co.jp/
印刷……大日本印刷株式会社
製本……加藤製本株式会社

Printed in Japan
ISBN978-4-309-76323-1